轻资产时代

杜鸣皓 著

浙江大学出版社
ZHEJIANG UNIVERSITY PRESS

曾经的财富终是过眼云烟

——青铜与丝绸曾是财富象征，现已成泡影

　　站在海滩上，看被海浪一遍遍冲刷的贝壳，这些曾经让先祖们孜孜以求的财富，现在即便被踩在脚底也不会让人心动。时代不同了，财富的象征也随之变迁。类似贝壳这样的财富泡影并不鲜见，历史上还有曾经风光一时的青铜和丝绸。

　　卢克莱修在《物性论》中说："由于黄金软，容易弯折，古代人们认为它没有用，而青铜则是有着崇高地位的金属，现在正好相反：青铜便宜，黄金贵重。故此，万物兴衰有时：原来贵重的，最后落得一文不名；起初被人轻视的，却逐渐享得尊贵。"

　　现在，房子是拥有着崇高地位的财富象征，而新生代的年轻人——80后、90后、00后们，都是尚被轻视的"黄金"。他们大都没钱、没房、没资源，很多人辛苦一年的收入，去除房租等开支以后，连城市里一平方米的房子也买不起，甚至一些人要靠信用卡、现金贷度过毕业之后找工作的几个月。

　　房子贵重，年轻人便宜，时代会这样抛弃年轻人吗？请放心，房子不是用来炒的。万物兴衰有时，房子拥有崇高地位的财富时代已经临近尾声了，而年轻人享得尊贵的黄金时代正在拉开大幕。

人们大都认同改革开放初的20年是属于"下海"者的时代，这一时期是创造了无数先富阶层的"青铜时代"；同时，过去的20年是属于"炒房者"的时代，这一阶段是地产新贵走向鼎盛的"丝绸时代"；但没有人可以阻挡的是，未来的20年将注定是属于互联网弄潮儿的时代，这一时期将是无数年轻人享得尊贵的"黄金时代"。

当前，基于大数据、云计算、人工智能、区块链、移动5G等互联网技术搭建的新兴智慧化商业基础设施（我称之为"商业基础设施2.0"）正在重塑世界经济新秩序。人类所处的商业世界正在被连接和数据构成的"数字资产"重新安排，一方面重资产变成轻资产而加速流动，另一方面轻资产驾驭重资产而效率升级，整个新兴商业世界在以几倍于传统商业世界的速度向前快速推进。日本媒体甚至发出了"深圳一周相当于硅谷一月"的感慨，美国白宫甚至将"中国制造2025"视为对美国工业互联网的威胁。这些都是互联网新经济即将带来财富变迁的现实写照。

时间诚可贵，盛年不重来，年轻人要抓住发展互联网智慧商业的宝贵契机，为构建属于自己所处时代的经济新秩序而奋发图强。我们正处于从重资产主导向轻资产转变的财富转轨期，属于传统重资产的商业时代即将结束，建立在商业基础设施2.0之上的新兴商业世界将是一个"轻资产时代"。资产数字化和数字生产力将为年轻人打开一个有别于房地产经济的崭新财富空间，区域经济活跃和城市群崛起将为年轻人构筑一个独立于"北上广"之外的广阔生存天地，无数的年轻人将因智慧商业的发展成为未来的财富新贵，与此同时，大量无人居住的鬼屋、鬼城，令房子不再是财富的象征。

青铜与丝绸曾是财富的象征，现已走向平凡。所以，曾经的财富终是过眼云烟，未来的财富才值得我们孜孜以求。这本书将带领新青年进入一个属于未来智慧商业的轻资产时代，进入一个"年轻人贵比黄金"的新兴商业世界。马云说，八年之后房子便宜如葱；我想说，年轻人不要被眼前的"财富泡影"蒙蔽双眼，要相信自己可以创造一个超越全民炒房时代的智慧商业新未来。

我是一名公关人，喜欢关注与公关行业密切相关的新兴商业现象和新生代年轻人文化。我相信不断"进阶"的人生信条和如竹生长的生命信仰，我们生活的星球就是一个不断"进阶"的世界，我们所处的社会也处在不断"进阶"的历史进程当中。从《无公关，不品牌》《金牌公关人》《商业向心力：重新定义现代商业竞争》《末端爆发：商业向心力竞争的深层逻辑》到这本《轻资产时代》的创作，我完成了一次次自我思想的进阶尝试，这种尝试无所谓成功或失败，这个过程也无所谓辛苦与波折，因为这是我作为公关人一直想做的事，现在我做了，所谓"天行健，君子以自强不息"，如此而已。我也希望每一个年轻人都能找到并始终坚持值得自己自强不息的那份事业。

"白日不到处，青春恰自来。"年轻人要像苔花一样，即便没有阳光雨露滋养，也要顽强高傲地盛开。不要把过去看得太重，我们谁都无法回到过去；也不要把眼前的财富泡影看得太重，我们谁也留不住现在；但请不要忽视未来，我们谁也无法拒绝融入轻资产的未来，所以要为创造属于年轻人的智慧商业美好未来而努力奋斗。谨以此书献给所有有梦、逐梦的新生代年轻人！

轻资产重塑未来商业世界

——拷问未来智慧商业的竞争逻辑

"太极生两仪",阴阳两仪,此消彼长,构成了世界运行的永恒主题。

人们既生活在一个物质世界中,也生活在一个精神世界里。太看重物质,精神会空虚;太注重精神,物质会匮乏。古往今来,人们始终在追求物质与追求精神的道路上"不断前行"。

商业亦然,商业运行既需要"重资产",也需要"轻资产"。传统上,金银是重资产,信用是轻资产,有人经商靠囤积金银,有人凭累积信用,金银与信用的结合繁荣了传统商业;及至当下,工厂机器是重资产,互联网数字资产是轻资产,轻资产驾驭重资产,创造着智慧商业新财富。

数字资产将会怎样重塑现实商业世界?这是本书试图解答的智慧商业大问题。

不同于传统重资产,数字资产既是新的资产,也是新的生产力,它们将颠覆由重资产主导的传统商业世界。数字资产对传统商业世界的冲击体现在两大方面:一是"剪除低效",二是"消灭过剩"。

传统重资产让旧的商业世界变得越来越重，重到让美丽的蓝色星球已不堪重负，到处是产能过剩的工厂、泛滥的污染和拔地而起的建筑；数字资产则让新的商业世界变得越来越轻，轻到人们可以"一部手机走天下"，各种要素资源被高效利用并被智能化排列组合，市场供需匹配和对接效率得到空前提高。

传统上，人们认为的资产一定是看得见、摸得着的，比如金银、房屋、生活用品、古董、艺术品、牛羊牲畜，它们都具有实体的属性。中国人安土重迁的文化根深蒂固，最喜欢的实体资产就是房子，"破家值万贯"多少反映出中国人看重实体房产的态度。在全世界范围内，中国人都更偏爱实体的房产，他们不仅在国内大量囤房，更在世界各地买房，因为人们觉得手握房产更安全，更有增值空间。

实体资产的问题在于维护的成本异常高昂，每一年都要面对资产是否会减值的问题。当然，中国处在一个高速发展的阶段，资产的稀缺也让实体资产每年都产生了很大的增值，比如人们在各大城市购买的房子，他们的资产减值的速度要远小于资产增值的空间。这更给笃信实体资产的中国人增加了财富自信，他们不断地购买和积累房产，很多人就像坐过山车一样，借由房子的增值冲上了个人财富的高点。

当经济发展的速度进入平稳的阶段之后，拥有过多的实体房产很可能会变成一种"财富幻觉"，因为我们总有一天要直面资产减值大于资产增值的残酷现实，也就是资产增值将无法覆盖资产维护所要付出的成本。除非中国的房价一直涨下去，资产稀缺带来的增值速度始终跑赢资产减值速度，但这显然不现实，历史上还没有哪种资产是只涨不跌的，否则投机者早就将它们全盘买入并牢牢控盘了。

聪明人早已洞穿趋势，从李嘉诚、潘石屹到王健林，他们已早早地加入抛售实体商业地产的行列，放弃沉重资产，转而进行社会化的优质房产配置，从运营管理中寻求财富增值，而福耀玻璃董事长曹德旺更是坚定不移地说，"多余的房子要尽快卖掉"。

套用潘石屹的一句话——"互联网是反房地产的",我可以断言,在不久的将来,也就是未来的智慧商业时代,人们会惊讶地发现"数字资产是反重资产的"。在所有严重过剩的重资产领域(不限于房子),财富都会像丝绸和玻璃一样成为泡影,因为智慧商业追求的是物尽其用。

中国人总有一天要面对"房子是用来住的"这一现实。幻想用房产的增值创造财富的时代,从中国放缓经济发展速度、追求高质量增长的那一天开始就已经戛然而止了。我们正在进入一个万物互联需要"IP化生存"的轻资产时代,进入一个资产过剩、结构失衡需要"物尽其用"的轻资产时代,进入一个增量饱和需要"存量竞争"的轻资产时代。人们比拼的将是对实体资产进行精确运作带来实实在在的收益,比拼的是人生奋斗的价值,而不再是像过去一样比拼投机房产带来的财富增值。试问我们现在还缺什么呢?我们已经处在一个物质极大丰富的时代了,我们缺少的不再是普通资产,而是真正能够带来财富增值的优质资产。

一切优质的资产都会借由新兴的智慧商业流动起来,并通过快速流动和互混重排来创造价值和自我增值,而那些处在角落里无人问津的房子则只会慢慢透支房产所有者的财富。这一天迟早会到来,因为新兴商业正在加快社会发展的步伐。

然而我关注的焦点并不是人们囤的房子会不会成为财富泡影,我没有像某些经济学家一样盼着房市崩盘。我想做的只是启迪更多的年轻人看到科技和商业的瑰丽未来,他们的大好年华本应该闪耀着智慧、奋斗和希望之光,全身心地投入到未来智慧商业世界的创造和建设之中,而不是被房子一叶障目,浑身散发出贪婪、愚蠢和不知所措的颓废情绪,两眼放光地盯着几万元一平方米的钢筋水泥牢笼。

未来的智慧商业时代,是更轻、更快流动的"数字资产"时代。数字资产既是全新的优质资产,也是新的更高效的生产力,这是本书的一个重要论断,也是"轻资产竞争理论"所推崇的全新商业逻辑。

　　"数字资产"是组成互联网智慧商业的重要基础商业要素，它们广泛地存在于智慧商业世界的各个环节。正是各种数字资产在网络空间中的无障碍流通，串联起了整体的智慧商业生态，让新兴商业的运行更轻便、更快捷、更高效。

　　从本质上来讲，互联网"数据"就是一种数字资产，"连接"也是一种数字资产，它们组合起来发挥作用，创造着无与伦比的新财富。数据和连接的资产价值正在不断被资本重估，清博大数据甚至还特别开发了对拥有广泛连接的公众号进行市场估值的系统，譬如人民日报微信公众号的估值超过1.25亿元，新华社微信公众号的估值超过1.75亿元（截至2018年4月的数据）。

　　但数字资产其实更多地表现为实体资产的数字化，以便互联网智慧商业更好地驾驭传统重资产。比如房屋资产的数字化和线上资产确权，它们与区块链技术结合就可以进行实时的在线交易，类似这样的数字资产交易和数字资产配置正在成为企业参与经济活动和个人进行资产管理的新风向。

　　另一类重要的数字资产现象是"数字货币"和"数字信用"。央行的"数字货币"已经在路上，从国家层面推行数字货币将是迟早的事情。其他如比特币、以太坊等各种私有的虚拟货币也十分盛行，各路资本已经提前嗅探到虚拟货币可能会成为未来重要数字资产的趋势，疯狂炒作和投资币圈区块链创业企业，进行超前布局，尽管这其中暗含了巨大的政策风险。而"数字信用"指的是芝麻信用等可量化信用，它们可以用于指导互联网金融的运行和个体的融资。数字信用将是未来重要的互联网轻资产，数字信用的社会一旦建立起来，金融资金将会向真正有资金需求的个体倾斜，那些依靠循环抵押房产从银行贷款的投机者将会面临灭顶之灾。

　　还有一种不可忽视的数字资产力量就是"人工智能"。人工智能所依靠的数字大脑将是一种典型的数字资产，未来它对我们每一个人、每一个商业体的财富创造都非常重要，凯文·凯利对未来科技的一个重要判断就是"与人工智能的合作表现将决定一个人的薪酬"。

当然，上述这些还远不是数字资产的全部，我把"数据和连接资产""实体资产的数字化""数字货币""数字信用""人工智能"等数字资产现象统称为"轻资产"，我们即将进入的时代正是一个轻资产时代，我们未来的社会也将是一个轻资产社会。在轻资产社会中，要素资源的流动将会更加快速、活跃和多维，要素资源的重新排列组合现象也将更为普遍、频繁并呈现立体交叉的特点。换句话说，资产变轻的背后其实是商业正在变得越来越"轻"，而一个商业和资产都越来越轻的"轻资产社会"，将更加需要用商业向心力理论来指导竞争。

如果用一个数学公式来概括本书所串联起来的智慧商业，那么它一定是这样的：资产数字化 × 数字生产力 × 商业向心力＝商业体（轻资产）的竞争能力。具体来说，它指的是一个商业体（轻资产）的竞争能力与其商业生态中的资产数字化程度、数字生产力水平和商业向心力管理水平成正比。在我出版的商业向心力系列三部书中，《末端爆发：商业向心力竞争的深层逻辑》讲的是数字生产力，《轻资产时代》探讨的是资产数字化，而《商业向心力：重新定义现代商业竞争》阐述的则是数字经济时代商业要素资源的统筹与管理。

现在及未来的数字资产，就像古丝绸之路上的玻璃和丝绸、地理大发现时期的金银、经济全球化时代的欧元、美元和石油一样，都是左右经济繁荣的重要资产现象。但与它们不同的是，在智慧商业生态中，数字资产不仅仅是资产，更是高效的生产力，它们具有非常大的财富流通、财富创造和财富增值的能力，所以数字资产可以认为是更优质、更高阶甚至更智能的资产。

由无数的数字资产连通的一个"轻资产社会"，不只发生在未来，更是发生在当下，因为当前商业体的生存与竞争已经表现出明显的资产数字化、数字生产力和商业向心力特点，在上一本书《末端爆发：商业向心力竞争的深层逻辑》中我们一睹了末端爆发的新兴商业世界，这一次就让我们抵达一个数字资产无障碍流通的"轻资产社会"，管窥未来智慧商业的庐山真面目吧。

目录
Qing
Zichan Shidai

上篇 轻资产时代：
无可逆转的资产数字化浪潮

QING
ZICHAN
SHIDAI

上篇

轻资产时代：

无可逆转的资产数字化浪潮

物质的尽头是虚无，人类贪恋物质的终点，只能是一个"轻资产"的世界。

人类的历史就是一部进阶史。远古人类但求果腹，现代人则更多追求充实头脑，这是人类文明的进阶；历史上，大国为了争夺丝绸和马匹兵戎相见，但现在各个国家却敞开大门互通有无，这是社会文明的进阶；过去人们总希望自己拥有的东西越多越好，但如今人们也享受着只拥有一部移动智能终端的便捷，这是商业文明的进阶……

物质丰富的进程没有终点，每一个人都希望拥有别人拥有的甚至别人没有的东西：一辆价值不菲的豪华汽车，一栋面朝大海的海景洋房，最新最潮的科技产品，紧跟潮流的华美服饰，享用不尽的金银珠宝……但遗憾的是，不可能每个人都拥有和消耗那么多的重资产，一方面，人们并不完全负担得起，另一方面，地球有限的资源也无法支持人类无限膨胀的个人物质欲望。

越来越多的国家已经意识到，人类日益贪婪的"重资产"创造行为正在毁掉我们赖以生存的蓝色星球。假若有一天地球不堪重负，人类追求物质财富极大丰富的梦想会因此而中断？就在传统商业即将关闭人类通往丰富物质世界的大门之时，新兴互联网智慧商业却为我们开启了通往美好生活的另一扇大门——"轻资产"。

智
慧
商
业

引
言

Qing
Zichan Shidai

实体资产的无限膨胀，有终点吗？

有什么东西是你购买后只用了一两次就再也没用过的？

　　我大概能列举出一箩筐来：一套《白话史记》已经不知道放到哪去了；书架上好几本书是买来后只看了几页的；一只运动腕表已经三年没有戴过了；一双增高鞋现在还放在鞋盒里，貌似只试穿过一次，因为我觉得一米六七比一米七五活着更舒服，就将其束之高阁了；一架复古式台灯五六年来从没点亮过；刚刚翻箱倒柜还发现一块茶砖，打开了竟然一直没喝；朋友送的一支英雄钢笔着了墨后就没再碰过；健身用的跳绳和滚轮自从买来后就没使用过；一个金属的音乐节拍器也快生锈了；一只车用可折叠水桶始终在后备厢中安眠；一杆鱼竿大概只用过两次；一只手机充电器不知道塞到哪个犄角旮旯了……

在物质极大丰富、资源要素频繁流动的时代，很多东西都不是我们真正高频的需要，买到手之后很快就成了摆设，本来以为可以应一时之需的，到最后发现可能十年八年也用不上一回。只不过，有人束之高阁的是小物件，有人闲置荒废的是大资产，比如城郊的房子、农村的土地、工业园的厂房、矿山里的机械。同时，很多种商品也都在迭代，当新的产品出现之后，旧的会被闲置，比如手机、电视、电脑，甚至也包括汽车。

人们拥有的资产越多，资产被闲置的概率就越大；技术进步得越快，资产折旧或淘汰的速度也就越快；人们流动得越频繁，资产被丢弃浪费的数量也就越多。由此我们可以得出这样一条结论：

经济的发展和物质的繁荣，让我们每个人都拥有了很多低频甚至极少使用的资产，这造成了社会资源的巨大浪费，更让我们每个人的支出和负债居高不下。

过去三四十年时间里，中国家庭拥有的资产种类和数量越来越多，从最初的自行车、手表、缝纫机"三大件"，到如今的相机、AI音箱、电话、冰箱、空调、彩电、热水器、电脑、手机、打印机、空气净化器、净水器、家庭影院、防盗门、大飘窗、健身器材、按摩椅、沙发、鱼缸、摩托车、汽车、房产……家庭资产的种类和数量增加了几十倍。未来，如果家庭资产清单上此类资产的种类和数量还在持续增加，我们每年创造的财富能够抵消这些资产的折旧吗？

如果人们拥有资产的种类和数量无限增加，未来人们创造资产的速度，将根本追赶不上资产折旧的速度，社会很快就会崩溃，大量的人会因此破产。假设一个人的物质财富极大丰富后，他的房产等各种固定资产是1000万元，这些固定资产的平均折旧年限是40年，那么他需要每年收入25万元才能保证收支相抵。而如果这1000万元固定资产是以70%的负债率购买的，他还需要每年额外支出17.5万元偿还债务，但他依然会在40年资产价值减为零后破产。

所以，按照"企业生产→个人购买→家庭拥有→个人使用→闲置浪费→折旧淘汰"传统模式进行的商业社会将是不可持续的，如果我们把这一传统的商业发展模型，从家庭进一步扩大到组织、企业和政府等整个商业系统中，会发现它同样不可持续。企业要生产一件新开发的产品，就需要新建一座工厂；企业要拓展一项新的酒店业务，就要重新建设一座酒店。这些最终导致的结果就是工厂、酒店大规模过剩。

商业不断发展，物质极大丰富，家庭就必须拥有更多的资产吗？企业就必须拥有更多、更大的工厂吗？商业发展的最终宿命难道就是"资产无限膨胀"吗？

现实的情况是，我们正在经历"资产膨胀"带来的严重社会灾难，很多领域出现了严重的资产过剩。中国家庭汽车的保有量正在持续上升，这带来了城市交通持续的拥堵，高企的通勤成本造成了工作生活的低效率；很多农民进城务工或做小生意，无暇耕作，土地被荒废搁置，也造成土地资源的极大浪费，粮食不能自给，每年还要从国外进口大量粮食；越来越多的家庭追求拥有更多房产，但房产空置现象非常严重，中国县级以上新城新区到2030年的规划容纳人口规模已达34亿人。有数据显示，中国现有住房足够30多亿人居住，远超中国14亿的人口规模，与此同时社会资金、人力资源等仍然在向房地产市场过度集中，而中国实体经济的发展却经常面临资金紧缺的困境。

如果追求拥有更多资产的社会不可持续，我们有什么办法逃离传统商业"资产无限膨胀"的宿命呢？

新兴的互联网商业正在向我们揭开解决这一问题的答案。如果足够细心地观察，我们会发现很多家庭和企业拥有实体资产的种类和数量正在呈现出减少的趋势，很多实体资产通过互联网的数字化配置即可便捷使用，已经不再需要我们购买和拥有。

比如，现在很多人用手机支付就不需要钱包了，用手机拍照就不再需要照相机了，有地图导航外出也不需要购买地图了，人们阅读电子书就减少了购买纸质书和报纸，很多家庭用电脑看视频就不再购买电视机了，人们租用共享单车就不用拥有自行车了……公司办公不再需要购买传真机了，办公用"钉钉"软件打卡也不需要指纹打卡机了，用微信开三方会议也不用购买三方通话的电话机了，企业利用云计算、云存储、云处理后就不再需要额外购买硬件、软件和超级计算机了，企业通过"智能工厂"就可以生产新产品便不需要自建工厂了，甚至共享办公空间连办公桌椅都不用买了……

追根究底，传统商业是"物质化"的，人们必须拥有更多的重资产才能享受高质量的生活，有需要就得购买，购买以后又很容易闲置，它让人们的生活变得越来越重；但新兴商业则是"反物质"的，人们无须拥有更多资产也能享受高质量的生活，各种资产实现了数字化或进行了数字化配置，可以"即插即用、用完即走"，它让人们的生活变得越来越轻。

商业社会正在从实体资产的无限膨胀走向数字资产的合理化配置，人们通过数字信息来驾驭实体资产，让各种实体资产被高效地利用起来（有人称之为"分享经济"），比如爱彼迎、滴滴、神州租车、蓝犀牛、自如等，这些都大大地减少了资产的闲置和浪费。曾经闲置的实体资产，得以充分地在商业社会中流动起来，人们也顺势从沉重的"加法生活"走向便捷的"减法生活"，甚至可以抛下实体的房子、车子、票子，一部手机就能够轻松走天下……一扇崭新的智慧商业之门已经缓缓开启，我们正由此进入一个全新的"轻资产时代"。

轻资产是商业的一次"破茧成蝶"，是商业社会的一场革命性改变。所谓"破茧"，指的是在轻资产时代，人们将告别重资产的束缚，彻底从重资产的包围中解放出来，人们不再成为物质的奴隶；所谓"成蝶"，是说人们将不再需要购买和拥有过多资产，会放弃相当一部分物质性的产权，转而通过数字资产的方式从市场中按需配置和使用，从而享受一种轻松、便捷、高质量和高效利用各种资源的生活方式。

我们必须面对的现实是——每一个人都无法回到过去，但谁也无法拒绝融入未来。所以人们迫切需要放下过去，思考未来。

商业社会的未来是什么？你是否也像我一样已经迫不及待地想融入商业未来？这本书是我对新商业时代的又一次白描，但所有的白描都绝非凭空想象，而是对新兴商业按图索骥后发现的"未来已来"。在本篇中，我将通过"流动、共享、使用、重排、去货币、迭代、分权、非物质化"等八个关键词来摹写即将到来的"轻资产时代"。

第1章　流动：我们正在进入一个流体社会

中国人谈商业的第一部鸿篇巨制是司马迁的《货殖列传》，直到现在，很多商人还会从《货殖列传》中寻找做生意的灵感。司马迁在《货殖列传》中引用了《周书》中的一段话，"农不出则乏其食，工不出则乏其事，商不出则三宝绝"。

这最后一句"商不出则三宝绝"的意思是说，商业不流通，粮食、器物、财富就会断绝。可见，中国古人早已发现商业的真谛是流通，即便是在商业更为发达的现代，各种商业资产（或者说商业要素资源）的"流动"，也依然是社会经济繁荣的根本表现。商业资产流动得越快，经济就越繁荣；商业资产流动得越慢，经济就越凋敝。

《史记》载："汉兴，海内为一，开关梁，弛山泽之禁，是以富商大贾周流天下，交易之物莫不通，得其所欲。"司马迁认为，市场自由流通对商业繁荣的作用是显而易见的。

人流、物流（商品流）、资金流、信息流，这四种商业要素资源的流通效率，决定了一个地区或一个时代的商业发达程度。这其中，反映商业要素资源流通快慢的最重要指标就是"资金流"，因为各种商品和商业要素资源的每一次流动都伴随着货币流通，所以商业发达的地区往往也是货币经济发达的地区，这也是中国古代商贾们追求"货通天下、汇通天下"的原因所在。而到了现代，人们将这样的现象形象地称为"金钱永不眠"。

传统上，包括人流、物流（商品流）、资金流、信息流等在内，几乎所有的商业要素资源都是物理性资产，也就是我们常说的"重资产"。既然是物理性资产，那么它们的流通，就必然会受到时间、空间的限制和制约，商业的响应时间和效率也都会受到影响。在古时候，新疆人要买四川的茶叶就得跨越山峦，四川人要买新疆的玉器也要车马劳顿。而各种商业信息或者写在纸上传递，或者写在绸布、竹简上传递，或者骑着千里马口头传递，人们想要获取这些商业信息，必须突破时间和空间的阻隔才行。

重资产流通简史

因为是物理性的，所以传统重资产的流动性其实很差，而且重资产在长距离的"流动"过程中风险很大，这在很大程度上限制了古代商业的发展和繁荣。

在《水浒传》"智取生辰纲"的故事中，就可以看到金珠宝贝等重资产的流动性非常差，流通过程中风险也高。杨志押送往东京的生辰纲，在山东郓城县东南十几公里处的黄泥岗被晁盖、吴用等人用计夺取，十万贯金银珠宝落入梁山好汉的手里，成了他们落草为寇的资本。

鉴于重资产流动过程中的风险，古时候的商人雇用专人进行押运是常态，粮纲、盐纲、米纲、布纲、绢纲、绸纲、钱纲、马纲、花石纲，都可以雇用专门的纲运组织负责押运。

历史上，重资产的长距离陆路运输很成问题，商业发达的城市往往都毗邻便于水运的河湖。一些地区甚至还人工开凿运河发展水运，比如著名的京杭大运河，它在很大程度上解决了商业快速流通的问题。大运河所经的杭州、苏州、扬州、淮安、徐州、济宁、天津等城市在古代都是经济重镇，《马可波罗游记》中就记载了大运河沿岸商业繁荣的盛况，仅淮安一地的货物通过大运河就可以轻松运往40多个城市。

为了解决重资产流动性差的问题，人类发明了流动性更好的货币资产和信用货币资产，这样就可以大大减少重资产的运输。比如，中国古代的金银锭、铜钱就是流通性相对较好的货币资产。而在商业较为发达的北宋时期，人们为了加快商业流通，还发明了世界上最早的纸质信用货币"交子"，以替代沉重的金银资产。

可以说，从古至今，为了加快各种商业资产的流通，保障商业流通的安全、顺畅，人们发挥聪明才智，想尽了各种办法。这些办法主要分为三类：一类是创造载重量更大、更快捷的交通运输工具来加快货物资产的流通，从发明马车到发明汽车、火车、轮船、飞机，从建设公路、铁路到修建机场等；二是大量发行货币、代币，以及使用汇票、银行电子交易方式等加快商业资产的流通；三是采用更合理高效的商业模式来保障或加速商业资产的流通，比如古时的钱庄、镖局、当铺，现代的银行、物流公司及利用"集中仓储+大卖场""总代+区域分销"等商业模式。

但这些促进商业流通的传统方法已经接近效率极限了，无论是发明更快的交通运输工具，还是发行更多的纸币，抑或是扩张更密集的分支银行网络、建设商品更齐全的卖场，它们对商业流通效率提升的边际作用已经越来越有限。

以前，商业的响应和商品的流通基本上是以月、旬、天为单位的，但现代商业的响应和商品的流通则需要以时、分、秒为单位。人们的商业需求需要得到"立刻、马上"的响应，但这样高的商业响应速度和流通效率要求是以重资产主导的传统商业无法达到的。

显然，如果想让由重资产构建的商业世界中的商业流通更快，人们就需要突破传统的方法，发明更快的工具来改造现实商业——商业流通效率需要从"量变"过渡到"质变"，或者说，商业流通需要一场效率革命。这个工具就是现在炙手可热的"互联网"，或者更精确地说是"大数据时代的互联网"。

商业流通的"秒时代"

2003年的时候，银行异地汇款最快还是隔天到账，我对此记忆颇深，因为有好几次我因取不了钱差点饿肚子，相信当时很多学生都有过类似的经历。即便如此，这也比100多年前通过山西商人开设的票号汇款要快得多了。那时尽管山西的票号业十分发达，但异地汇兑也往往需要十几天甚至几十天的时间，同时他们还做不了小额资金的汇兑。

十几年后，现在的大多数银行都已经能够做到异地汇款即时到账，甚至即时到账已经成为移动网络支付的一种"标配"。如今包括支付宝、微信支付等在内的网络支付都是即时到账的，时间上几乎没有任何延迟。

差不多自2015年开始，中国互联网圈内人最耳熟能详的一个词就是"Fintech"。这个英文单词是一个合成词，是Financial和 Technology的缩写。在国内它有两种翻译，一个是"互联网金融"，另一个是"金融科技"，但本质上指的都是金融与信息技术的融合，大数据、区块链、云计算、人工智能、生物验证等新技术，催生了智能投顾、网络资管、P2P网贷、网络保险、数字货币、网络征信、移动支付、互联网银行等众多新的金融业态。

这些新的金融业态与传统金融最大的不同，就是新金融让资金的融通彻底打破了时空的限制，人们足不出户就可以实时地完成异地的资金管理。中国的金融行业在所有行业中最先实现了秒级的商业响应，一切妨碍资金流通的物理性阻隔已经不再成为障碍，仅从资金流通的角度来说，Fintech的秒级商业响应可谓是开启了人类商业世界亘古未有的旷世之变。

现如今，在所有商业要素资源中，资金的流通可以说是最先全面进入了"秒时代"。如果你需要一份网购商品的按揭贷款，只要信用良好，京东白条就可以实时到账；就算是比较大额的网贷，微众银行等互联网金融公司也只需要一两分钟时间的征信审核，审核通过后会将贷款实时打到用户账上；你想看一场电影，通过智能终端就可以即时付款锁定附近电影院的场次和座位；你千里之外的朋友因做生意急需一笔钱于是向你借款，你通过微信支付就可以实时把钱转借出去，方便至极。

2013年，京东大力发展基于互联网的供应链金融，与同时期发展起来的阿里小额贷款进行正面竞争。刘强东要求京东金融发展部要做到"在几分钟之内就能放款"，也就是"从原先的一天之内提高到分钟级"。现在来看，刘强东的这一充满前瞻眼光的苛刻要求，在过了不到两年之后的 2015 年就已经严重落伍了，因为彼时很多领先的互联网金融公司都进入了"秒级"的商业响应时代。

"资金的秒级流通"仅仅是商业要素资源快速流动的冰山一角。中国的互联网为商业发展敞开的这扇宏大的"效率之门"可以追溯到 2010 年甚至更早，同时也可以扩展到包括人才、商品、信息等更多商业要素资源领域。自 2010 年开始，秒级的商业响应先后完成了在网络购物、社交网络、互联网金融等数个行业的渗透，然后迅速扩展到了移动出行、智慧物流、互联网教育、互联网招聘、移动医疗、智慧农业、智能交通、智能工厂等众多的商业领域。

同时，在几乎所有的这些商业要素资源领域和行业领域中，都产生了数量可观的"数字资产"，人们像过去追逐金银、房产一样，开始疯狂地追逐这些领域中的"数字资产"。过去，企业的资产就是银行的存款、企业的债券、工厂的机器、技术人才及可以抵押的自有楼房等，但现在企业的资产可能是一套工业 4.0 的自主研发软件、一套拥有自主知识产权的专利技术、几十 TB（太字节）的商业数据、一个数十万人使用的 App、几个拥有数百万粉丝的自媒体账号、一个有千万粉丝的网红 IP、几十万个虚拟币及一个淘宝或天猫的虚拟店铺。过去的资产具有强烈的实体或物理属性，而"数字资产"则具有十足的虚拟和数字属性。

所有这些"数字资产"有一个共同特征，就是它们能够适应

"秒级响应"的新兴商业。数字资产已经不再像传统重资产一样受到地理时空的严格限制，一方面它们彻底从传统的"重资产"中解放出来，成为一种新的、更轻的商业资产，另一方面它们又与传统重资产有着千丝万缕的紧密联系，是数字化了的重资产或者能够轻松驾驭传统"重资产"。

触及"心灵"的商业变革

轻资产与重资产之间似乎是"灵与肉"的关系。

人们虽然都有一个独立的身体，但肉体必须受到心灵的支配；人们的身体只能在有限的时间和空间内活动，行动范围和反应速度严重受限，但心灵却可以随心所欲地穿越千里万里、古今未来，并能够以此来支配人类的肉体。所以即便跨越了几十个世纪，我们依然可能受到"仁者爱人""老吾老以及人之老"、唯心主义、马克思主义等先贤思想的支配。

《人类简史》这本书告诉了人们一个秘密——智人大约经历了数万年身体力行的蛮干阶段，直到最近的两百多年里，人类才开始真正"科学地"开发心灵和大脑。就如同过去人类善于在身体上做文章，不断开发我们的身体一样，在过去的数千年里，商业也一直善于在重资产领域做文章，各种实体的商业基础设施已经非常完善，社会总体的机械化率也非常高，但让这些笨重的基础设施和工厂机械能够被人们随心所欲地支配（就像心灵随心所欲地支配肉体一样），却是最近几年才开始发生的事情，也就是上文提到的各种互联网"数字资产"的应用和普及。

实际上，仅仅经过不到10年的发展（自2010年算起），轻资产对重资产的支配就已经渗透到了我们生活的方方面面。譬如，只要用户在电脑旁轻轻敲击一下鼠标，远在千里之外的泰国榴莲或远在万里之外的美国车厘子就会在"轻资产"的网络数据支配下，风雨兼程地来到中国的"吃货"们身边给他们打牙祭；同样，如果远在万里之外的美国人民轻轻点击几下手机App，中国沿海某工厂里的负离子吹风机就会在"轻资产"的物流系统驱使下即刻动身去改善美国人民的生活质量。

我们已经身处一个各种资产全力加速流通的时代——数字货币带动着金银钞票在加速流通，电子商务带动着工农业商品在加速流动，工业软件带动着实体工厂在加速运转，自动驾驶系统带动着汽车、火车在加速飞驰，卫星导航系统带动着货车、轮船在加速前进……即便如此，轻资产带动重资产的加速流动也才刚刚开始。凯文·凯利在《必然》一书中对人类未来生活的一个重要预测就是"流动（Flow）"，他认为车辆、土地和药品这样固定的东西都将流动起来，人们未来所有的生意都可以归结为"数据的流动"，"商业乃数据之商业"。他说，我们的日常生活和基础设施，还有很多有待"液化"，进一步的流动将会是必然，我们的制造环境中，大部分固化而且固定的器械将会转变成缥缈的力量。我对凯文·凯利的这一预言坚信不疑。

在不久的将来，在互联网的作用下，所有要素资源都将加速流动起来。商业已经进入了一个通过互联网数据来提升流通效率的时代，传统重资产开始"轻资产化"，而轻资产反过来驾驭重资产。从"重资产主导"向"轻资产主导"的商业运行逻辑的转变，是商业世界的一次具有革命意义的历史性跨越，它对商业的意义甚至已经超越了蒸汽机的发明。

流动，并不是少数商业精英自上而下强加给总体商业生态的，而是互联网智慧商业的一种内在需求，因为人们迫切需要即时、高效的商业响应，这让各种要素资源快速流动的需求大大增加，优质要素资源的"流通"诉求也越来越频繁，从而那些能够满足快速流动需求的商业业态被自然选择留了下来，并迅速发展壮大。无论是马云、马化腾还是比尔·盖茨、扎克伯格，他们对商业要素资源快速流动的贡献都不大，甚至可以忽略不计，他们的公司之所以活得很好，只是因为他们创造的商业业态适应了"流动"的需求，被自然选择留了下来，换句话说，即便没有马云和阿里巴巴，也会有"阿里爷爷""阿里奶奶"被推向商业前台。

下一个能够满足和适应商业要素资源快速流动需要的商业独角兽是谁呢？

这很难预测。但可以肯定的是，不管是谁，它一定会基于"物联网"技术而生，因为新一轮要素资源快速流动的竞赛势必依托于物联网技术，万物互联即万物流动，基于无数传感器的物联网系统可能会让每一颗螺丝钉、每一个零部件都像长了翅膀一样。当富士康的智能工厂收到一批手机的生产需求，数万个零部件就会在物联网的支配下即刻动身前往它的"黑灯工厂"，中间没有一秒钟的等待和浪费，所以譬如"华为＋菜鸟＋富士康"的组合就非常值得我们期待。

第 2 章　共享：个体无法负担的系统成本

资产的流动还有另外一种形式，就是"共享"。比如在传统的村落，人们会集体共享一个石碾；在更早些时候的农耕社会，人们还可能会共享一把锄头；电影《上帝也疯狂》中在非洲原始部落生活的人则"共享"了一只可乐瓶。在本章中，我们将会进一步了解到，共享不仅仅是一种普遍的社会现象，更是非常重要的一种新兴商业发展趋势，在共享的过程中，资产的权属没有发生变化，但资产却在流动中创造了更多的价值。

在我八九岁时（20世纪90年代初），我记忆最深的就是同学们在傍晚放学后，以百米冲刺的速度飞奔到邻居家里看日本科学幻想穿越片《恐龙特急克塞号》。那撒腿狂奔的场面才叫"追剧"，是现在躺在沙发上追肥皂剧的人完全没法相比的。

《恐龙特急克塞号》是一部完全放飞孩子们想象力的科幻剧情片，比现在小学生们喜欢的熊大熊二有想象力多了。这些引进的国外动画片启发了孩子们大胆追寻正义、探索新科技和放飞想象力。

言归正传，我的关注点可不是儿童教育，而是商业社会的发展进步。彼时，像我所在的河北偏远农村地区，并不是每个家庭都有经济条件购买一台黑白电视机，譬如我的家庭就买不起。所以在我们那样淳朴融洽的乡村社会里，电视机基本上都是"共享"的，每天晚饭过后，十几个人、几十个人围在一个屋子里看电视是很常见的场面。

类似于石碾、锄头、可乐瓶和电视机等物品的共享，在人类社会发展的每一个阶段都能找到大量的佐证。对于整个社会消费群体来说，当多数个体无法负担某种商品的购买成本时，人们也并不是非要将其变成个人资产才行，"共享使用"也是一个不错的消费选择。如果给这种"共享使用"加上经济和商业属性的话，即付费才可以取得该资产一定时间内的使用权，便是时下火热的"共享经济"了。

"借"的文化

我非常欣赏中国传统的"礼尚往来"文化，人们之间不经过商业关系就可以互通有无，各从属国之间也通过"朝贡"和"封赏"来变相地实现商业互通。这样做的好处十分明显，既实现了资产的流通，促进了商品的交换，又维系了血缘或亲情关系，不会显得太功利。

相比于礼尚往来，中国的邻里之间还习惯通过"借东西"的方式达到类似的互通有无的目的，比如农耕社会的人们借用牲畜、农具和炊具等。人们在"一借一还"的背后，看似没有发生任何的商品交换，却完成了一次短暂的资产共享和流通过程。从本质上来说，"借东西"也是像商业买卖一样的市场资源配置和商业价值创造行为，哪怕只是简单地借用了一把镰刀割了一亩麦子，或是借用了一头耕牛犁了半晌地，其带来的结果都是一种资源的优化配置和商业价值的创造。

中华民族可能是世界上最喜欢"借东西"的一个民族，自己没有或者买不到某样东西，就会向有这样东西的人借，用完了再还回去。比如，在反映东汉文化的《三国演义》一书中，皇叔刘备就很会"借鸡生蛋"，他向东吴的孙权借了荆州的南郡，以此作为临时的根据地来发展壮大自己，最后与曹操、孙权形成三足鼎立之势；曹操借了仓官王垕的脑袋，在关键时刻稳定住了军心，当然借脑袋肯定是有借无还的；郁郁不得志的孙策，则向袁术借了一千兵马后开创了江东基业；诸葛亮用草船向曹操借了十万只箭，保住了自己的脑袋，没有被军法伺候；黄巾军猖獗时，刘备前往北海救孔融，还顺便向公孙瓒借了武将赵云……借和还是"人情账"，买和卖是"金钱账"。我借用了你的东西，等于欠了你一个人情，这样下次你借我的东西也方便，彼此对人情往来达成默契并心照不宣；我买你的东西要付钱，你卖给我商品要收款，人们在商业交易中各取所需，也皆大欢喜。两相对比，"借还"和"买卖"从结果上而言并无明显不同。

"借"的文化不仅反映了中国人勤俭的生活作风，更反映出中国人朴实无华的商业智慧。借书、借钱、借自行车，当人们借用一件东西时，并不需要像购买或拥有一件东西那样需要付出高昂的成本，但却实实在在地完成了一次互通有无和商业价值创造过程，实现了一次商业资产的短暂循环。

从根本意义上来说，"借"的文化反映的是非经济性质的资源优化配置行为，它让私有资产的价值通过借用的形式而不是买卖的形式得到了最大化的发挥和利用，其与现代商业建立在买卖基础上的资源优化配置有异曲同工之处。总之，"借"的文化反映的就是一种"资产利用"的现象，当人们无法购买和拥有某项资产时，聪明的人们就会通过借用的形式来使用它。

作为物品的出借方，等于是向邻里亲朋"共享"了该件物品的使用权；而作为借用的人，则避免了一次高额的个人消费，他们可以把这笔钱攒下来用在更需要的地方。在任何时代，人们都可能需要向别人借东西才能生存下来，因为每个时代都有普通人负担不起的"必需品"。

比如，古时候人们耕作离不开牲畜，但家家都养牲畜也不现实，大多数情况下，就是大家轮流借用几头牲畜来犁地。这是一种较为原始的共享机制，仅限于在特定的地理区间内的特定人群之间发生，与下文中将要提到的轻资产时代的"共享机制"有明显不同。

"借还"这种相对原始的共享经济，是典型的小农经济时代的产物，它随着经济社会的发展一直延续了下来，但在市场经济条件下开始逐渐走向衰落。彼时的经济不发达，一方面是因为人们还无法自由买卖很多商品和服务，市场不是全流通的，另一方面是因为人们之间也没有形成相对成熟的商业意识，同时还受制于家庭可支配收入的匮乏，人们无法像现在的市场经济一样随心所欲地进行商业往来。

租赁时代

进入现代市场经济之后，经济关系大规模替代了传统的人情关系，"借用"的情况开始逐渐减少，甚至在某些领域已经彻底消失，取而代之的是租赁。

比如，传统上收割麦子用镰刀，所以古时候人们会向邻里借镰刀，但现代化的麦子收割作业用的是大型收割机，农民已经不能够简单借用了，而是需要租赁。从纯商业的角度来讲，租赁是比借用更高一级的共享形式，这种资产的共享需要租赁方按照一定的标准进行付费使用。

租赁有利于让社会资产变少变轻。因为有了租赁这样一种资产共享形式，人类社会就可以大大减少资产的配置。比如，不需要家家户户都购买收割机，也不需要家家都有运输车，在城市里打工的人也不需要人人名下都有房产，企业也不需要都有自己的工厂。也就是说，租赁会使社会总体的重资产数量维持在远低于所有个体需求数量的水平之下，否则如果家家都有收割机，就会出现严重的重资产过剩和资源浪费，更何况农民也负担不起。

出租车就是一种非常典型的现代租赁经济业态，它几乎在全世界所有市场化国家的大城市中都有分布。出租车出现的时间甚至比汽车的普及还要早，早在20世纪初出租车就已经出现在了美国纽约的街头，而在中国，出租车最早主要负责接待外宾、外商及外国政要，而且早期的出租车也不是巡街载客，而是定点候客，乘客要主动找上门。

商业的本质就是流通，类似于出租屋、出租车等租赁经济的发展，让各种重资产加速流动了起来，而资产的流动也让商业进入了一个前所未有的繁荣周期，通过租赁的形式，人们只需付出很少的资金就可以达成资源配置目的，毕竟盖一座楼房开餐厅和租一栋楼的底商开餐厅，所需投入资金的差距是不言而喻的。租赁经济的大发展也意味着人们只需要使用很小的资金就可以撬动一块大的商业蛋糕。

但从借用模式发展到租赁模式显然还未到轻资产的极致阶段，真正的轻资产是下一个阶段——从租赁模式到分享模式。

分享经济

所有阻碍商业流通的经营业态都会被淘汰，比如传统银行，与秒级响应的互联网银行比起来，它们简直就是珠算时代的钱庄，效率太低、太拖沓、太不便捷了。现在大多数人一分钟都不想把时间耽误在银行柜台上，更别说在银行办事大厅取号排一下午的队了，所以支付宝、微信支付、微众银行等必然会把传统银行逼上互联网改革之路。

那么，既然流通如此重要，有哪一种新兴商业业态能够让所有的资产都加速流动起来吗？

对此，众多的互联网企业发明了一种分享经济的模式，并且很快在各行各业流行起来，比如民宿分享的爱彼迎、途家、小猪短租，出行分享的滴滴、优步，货运分享的货车帮、蓝犀牛，办公空间分享的优客工场、方糖小镇等。这种模式鼓励人们把自己的资产分享出来供人们使用或为人们提供服务，同时让自己从中获取一定的经济收益。

分享经济的发生，不仅是因为一些人无法负担购买成本，更是因为那些购买或拥有重资产的人希望有别人能够和他们一起分担成本，两者都希望资产流动起来为他们创造价值。比如滴滴，无法负担购买汽车成本的人希望能够享受便捷的即时租车服务，而一些拥有私家车的车主则希望有人跟他们分担开车出行和养车的成本，所以两类人都不希望汽车被闲置，都想让汽车流动起来为他们创造价值。

尽管分享经济鼓励人们把自己的资产分享出来，从而让资产自由流动创造价值，然而分享经济的模式依然还是比较初级的轻资产，换句话说，它仅仅是相较于传统重资产而言变轻了，变得人人都可以使用了，只解决了一部分人的重资产配置问题，相当多的人还是会拥有重资产。比如虽然人们把私家车分享出来做快车、顺风车，但人们还是要购买和拥有汽车。而未来智慧商业阶段将会迎来更高阶的轻资产模式，也是智慧商业条件下的共享经济的模式，即人们都不再购买和拥有重资产，而是作为用户来共同使用它们所提供的服务并为之付费。

共享经济

在传统重资产条件下，无论是购买一栋别墅、一辆豪车还是一个工业厂房、重型机械，只要这件重资产是一个独立的商品，人们就总是可以负担得起它的购买成本。我把这样的经济社会叫作"消费型社会",过去几乎所有的东西人们都可以经由"消费"来拥有产权。

但未来智慧商业发展的最终结果是,我们可能有很多东西都"买不起"。

在智慧商业的世界中,任何一件物品一旦互联网化之后,就被赋予了"人工智能、云服务"等属性,被连接到整体的互联网商业生态之中,它就不再是一件可以"购买"的商品,而只能是一件可以付费"使用"的商品,拥有这件商品本身不能完整地发挥作用。

现在,你购买一台冰箱,它就是一台完全属于你的冰箱,但未来冰箱被互联网化之后,这台冰箱就不再是一台完全受控于你的冰箱,它会被连接到互联网当中,在使用这台冰箱时你还需要使用互联网公司提供的智能温控服务、自动补货服务、自动报错和报修服务……让冰箱连接互联网会给你带来很多的便利和良好的体验,但也带来一个问题:这是一台互联网公司的服务终端,而不再是一件你拥有独立产权的完整产品。

其实,从传统的"消费型社会"进入到未来的"使用型社会",已经不是一件很遥远的事情了,类似的产品已经开始在很多家庭中逐渐普及,比较典型的案例就是智能音箱。以前我们在家里听音乐,一般是购买录音机、VCD,它们是普通家庭完全可以买得起且买了以后拥有独立产权的产品,显然,购买录音机、VCD的行为是一种典型的"重资产消费"。但是,时下流行的"智能音箱"就不同了，购买一部Echo智能音箱，假如没有亚马逊提供云端服务，就不能正常听音乐，因为它并不如录像机、VCD一样是一件真正意义上的完整"产品"，换句说话，现代家庭购买智能音箱的行为已经是一种"轻资产消费"了。

而且，一旦进入轻资产消费的未来社会，我们都将面临无法负担"系统成本"的问题，共享使用是唯一的选择。以彼时的自动驾驶汽车为例，尽管我们完全可以全款买一辆自动驾驶汽车，但它却不是我们拥有完整"产权"的产品，其搭载的自动驾驶系统是很多车辆实时在线共享使用的，是"非卖品"，普通人想买也根本无法负担一个"汽车自动驾驶系统"的成本。也就是说，产品一旦具备了互联网特征，普通人就无法负担其系统成本了，人们唯一的选择就是"共同承担"系统成本。试问，未来你能完整拥有什么资产呢？我们可能什么都买不起，唯一的选择是付费使用。

也许到了未来，绝大多数人都将无法负担起购买一辆智能汽车的费用，因为这辆车可能搭载了谷歌开发的自动驾驶系统和北斗全球卫星定位导航服务，自动驾驶替代你驾驶汽车，而且它自己还可以智能停车；这辆车内还搭载了完备的影音娱乐系统，你可以观看新上映的美国好莱坞大片，可以在线玩暴雪公司出品的火爆的增强现实网游；这辆车更配备了一个24小时在线的虚拟人工智能助手，可以帮你安排你绝大多数的行程，帮你的约会订餐、订票和处理很多其他日常的事务性工作……请问，这样一辆多功能的智能汽车，你买得起吗？你能说你拥有一辆智能汽车吗？如果谷歌掐断了智能驾驶系统，它不过就是一堆横冲直撞的废铁，所以我们可以预测，在智慧商业时代，99.99%的普通人只能拥有一辆汽车，而无法拥有一辆智能汽车。

正常情况下，人们将只能成为这辆车的付费用户，而不是它的产权所有者，或者最多只能购买这辆车的硬件部分，但无法付费拥有这部车的所有功能。包括自动驾驶、娱乐系统和人工智能助手在内的所有软件，人们都只能"共享"使用。

当下，购买一栋别墅的完整产权，绝大多数的富豪都负担得起。但类似于谷歌、百度等公司向自动驾驶系统的投入动辄数百亿美元，未来几乎没有人可以负担得起购买这样一套自动驾驶系统的费用并拥有完整的个人产权。

分享经济和共享经济的区别就在于产权归属的不同：分享经济是人们把多余的、闲置的自身拥有产权的重资产分享出来，供大家使用，比如滴滴模式就是典型的分享经济；共享经济则是人们彻底放弃资产的产权，完全交给商家（或国家）来打理，人们仅需付费享有资产的使用权即可，比如摩拜单车的模式就是典型的共享经济。

如同我在《末端爆发：商业向心力竞争的深层逻辑》中描绘的智慧商业图景一样，未来由商业基础设施2.0构建的智慧商业生态中，我们唯一的选择就是资产的"共享"，因为受制于高昂的系统成本，没人可以"拥有"资产。所以，未来"所有权"将是一个非常奢侈的词，绝大多数的人都只能付费使用，而不是拥有。在不久的将来，共享经济模式将会让所有人都能够以轻资产的形式接入智慧化的汽车生态，人人都可以享受全链条的汽车出行服务，甚至都不需要购买一辆自己的汽车，届时资产将会变得更轻，人类拥有汽车的总数量将会显著地减少。

除非人类社会安于现状，止步不前——不想乘坐舒适又具有自动驾驶和智能躲避拥堵功能的智能汽车，只想买一辆有4个轮子、2个沙发，早晚高峰拥堵2小时的铁疙瘩放在车库里，也不想享受厘米级全球卫星定位导航服务；只满足于在方圆200米的空间内打转转，更不想享受15分钟内购物送货上门的服务，甚至愿意退回到更为原始和低效率的生活方式——否则谁也不可能避免融入"共享经济"商业大潮的命运。

第3章　使用：用完即走的体验细节

如同一枚硬币的两面，在智慧商业中，与"共享"相对应的硬币的另一面是"使用"，即有商家共享，就会有用户使用。"使用"一词，将是轻资产社会的一个重要特征，它会替代重资产时代的"拥有"。过去你购买和拥有了一辆车才能使用它，但现在你只要付费就可以使用它，比如神州租车和摩拜单车。而且一旦没有产权，也就不需要自己来维护它，用完就可以走人。

随着新兴商业的发展，人们"用完即走"的情况正越来越普遍，除了神州租车和摩拜单车，途家网的民宿是用完即走的，自如的公寓是用完即走的，富士康的智能工厂是用完即走的，优客工场的办公空间是用完即走的，未来土地也可能是用完即走的，房子也可能是用完即走的，停车位也会是用完即走的……未来世界的特征就是"流动"，就是"使用"，一切商业资产都会充分地流动起来，你不再使用了会有别的人继续使用。所以，只要是能够实现"即插即用"的商业领域，会有越来越多的人放弃拥有"产权"，改消费为"使用"。

　　未来的"使用"和现在的"使用"也不可同日而语，主要是用户体验的差距。人们现在使用神州租车提供的汽车，几乎是没有什么"体验"可言的，因为神州租车还没有记录你用车的习惯、驾驶偏好等数据，而未来用户在使用类似的租车服务时，租车公司会智能匹配最符合你需要或偏好的汽车供你选择，也无须你到最近的租车点取车，车辆会提前5分钟自动驾驶到你所在的地方接你。当你坐上驾驶座时，汽车会自动调出上一次驾驶的相关数据，汽车座椅会智能调节到你最舒适的位置，车内空调会调节到你感觉最舒服的温度，车内的影音系统也会智能调节到你最喜爱的音乐、电台或电视节目，车载系统会智能调用你手机里的行程表，并选择最理想的路线将你按时送达目的地。

　　一件产权并不属于你的汽车，却比你自己拥有产权的汽车更了解你的需要，能提供几乎完美的智能化出行体验，还有比这更酷的事情吗？未来，互联网连接和数据将会带来前所未有的贴心体验，"付费+使用"的用户模式会因为这样的体验优势替代一直以来的"购买+拥有"的消费模式。而且，用完即走的体验让人们减少了资产维护的诸多麻烦，人们将因此更加希望成为用户，而不是追求拥有产权。

暖男型社会

年轻的姑娘们应该会深有体会，这个世界上比男朋友更了解自己的人，可能不是她们曾经朝夕相处、形影不离的闺蜜，而是马云的"天猫"购物网站。

天猫会在后台记录姑娘们的很多数据，身高、体重、生日、浏览习惯，甚至包括品牌和颜色偏好。当姑娘们在天猫浏览、购物的时候，会发现天猫自动推荐了合适的衣服和鞋子，而且在生日当天收到了专属的购物优惠和小惊喜。天猫比你的男朋友更懂你，起码在购物方面，天猫像极了一个无微不至的"暖男"，它对你了解的程度甚至甩了你男朋友好几条街。

比你的闺蜜更懂你的可能还有苏宁小Biu——一款智能网络音箱。它可以不厌其烦地听你唠叨和指挥，帮助你把家里的各种电器管理得井井有条。不知道它会不会偷听你和男朋友之间的情话，但我敢肯定你的各种小秘密它应该会了解不少，不信下次你可以试试问它你男朋友最喜欢吃的菜是什么，看看它是否知道准确的答案。

未来就是一个"暖男型社会"。很多东西你可能并不完全拥有，但是它们却比你拥有的东西更懂你。比如说，现在你家里的暖气片，这是完全属于你产权的暖气片，但它一点都不懂你，它不会主动调整到你最舒适的温度。但未来的暖气片就不同了，暖气片上的传感器会连接到一个智能的后台，这个后台会记录你调试的最佳温度范围，然后自动进行室内温控。连"暖气片"都有一颗暖男心的世界是不是很酷？

在一个万物互联、万物流动的商业社会中，人们会享受所有"使用"带来的超凡体验，而不是像现在一样追求泛泛的"拥有"。毕竟"拥有"是没有价值的，"使用"才有价值，你拥有一栋面朝大海、春暖花开的海景洋房，不如住进一栋春暖花开、面朝大海的海景洋房。同治皇帝空有大清江山，他除了几次走出紫禁城寻花问柳外，一步也没能跑到广阔河山中走一走、看一看，拥有的意义又是什么呢？

在农耕社会，地主家里就喜欢"拥有"很多很多的粮食，在当时这种"拥有"是有价值的，因为那时粮食还不是一个全流通的商品，粮食很稀缺，一旦发生了饥荒，人们没有粮食就会饿死。所以在当时的人们眼里，粮食是一定要"拥有"的，而且拥有得越多越好。但现在谁还会囤几十吨粮食在家里呢？粮食已经流通起来了，也不是稀缺品了，人们想吃米饭可以从市场中自由配置，可以去饭店吃，也可以自己买来在家里做，叫个外卖来吃也未尝不可。所以人们对粮食的产权意识已经变淡了，粮食从过去的"重资产"变成了可自由从市场中配置的"轻资产"，在现在的人们眼里，粮食就是用来"使用"的，而不是用来囤积或拥有的。

如果把粮食换成时下的房子又会怎样呢？现在人人都喜欢囤房子，因为现在的房子还没有流通起来，这个市场的流动性被人为地冰冻住了。而且现在的房子还很稀缺，年轻小伙子如果没有房子，有些丈母娘就不同意结婚，所以现在房子在人们眼里是一定要"拥有"的，而且越多越好。但在未来中国能够满足30多亿人居住的房子都流通起来了以后，人们随时随地就可以付租金"使用"出租的房子，这个城市待腻了就换个城市租房子，那时还会有人囤房子吗？马云在2017年说，8年后房子会像大葱一样便宜，我觉得他有点言过其实了，但房子作为一种资产，也一定会像粮食一样变得容易获得。只要东西变"轻"了，人们就不会选择"拥有"，因为"使用"才够酷。

一旦足够30多亿人居住的房子涌向一个自由流通的市场，也是相当恐怖的一件事情，但我相信没有人可以阻挡这种市场趋势的到来，因为没有道理其他东西都进入智能化时代，而唯有房子还停留在农耕时代。

服务业爆发

马克思认为，人类社会发展的最高阶段是共产主义，将消灭生产资料的私有制。我不确定人类文明是否能够顺利进入这样一个高级阶段，但进入智能化社会以后，人们对资产的需求从"拥有"转向"使用"，将有可能真正催生出最早的共产主义萌芽。从这一角度来讲，生产力决定生产关系将同样适用于共产主义，也就是智能化将带来共产主义。

资产从"拥有"到"使用"的转变，表面上看是因为互联网数据的使用带来了"暖男型社会"，人们看重贴心的体验细节胜过空洞地占有，但本质上还是因为人类社会面临着一次服务业转型。企业希望拓展工业化生产出来的产品的边界，赋予产品更多的服务属性，以适应未来智能化时代的商业竞争。比如，互联网汽车、互联网电视、共享单车，以及各种智能家居、智能音箱和智能化的家用医疗器械，它们都是传统工业化生产产品向服务延伸的产物，而所有的这些服务属性的创造，都依托于互联网连接和数据应用。

传统的血压计只是一个测量人体血压的产品，它本身不具有任何服务属性，但智能电子血压仪除了测量人体血压之外，还可以连接App提供在线服务，对人体血压数据进行记录、分析和预警，甚至可以直连病人的保健医生。同时，很多智能血压仪企业采用了新的商业模式，不是像传统厂商一样向病人售卖血压仪，而是打包智能血压仪的其他服务给病人按月付费使用，病人不用了以后厂商再收回。这个案例说明，互联网连接和数据赋予了血压仪以服务属性，让一台血压仪从第二产业升级为了第三产业——服务业。整个商业过程中，没有人在消费血压仪产品，而是在使用人体血压管理这项服务。

类似于智能血压仪的案例已经比比皆是，很多传统产品都已经被互联网赋予了服务属性，从第二产业升级成为第三产业，不再卖产品，而是转向卖服务，越来越多企业的商业模式已经从工业化时代的"产品→消费→拥有"进化到智能化时代的"服务→使用→共享"。但这依然仅仅是人类第三产业爆发和井喷的开始，因为未来人类也许将不会有第一产业和第二产业，所有的产业都将是面向用户的服务业，企业的一切生产将从"产品导向"向"服务导向"转变，消费者的一切消费也将从"消费导向"向"用户导向"转型，资产与人们之间的关系也将从"拥有"向"共享"过渡。

很多人以为，所谓的智能化时代就是人工智能的时代，人类的工作将交给人工智能来完成，这实在是对智能化时代的一种误解。

工业化
VS
智能化

产品
工业化的企业生产是产品导向的，企业将产品生产出来卖给消费者

消费
消费者从销售商手中购买产品消费，同时按产品的价格支付产品购买费用

拥有
消费者拥有商品完整的产权和唯一的使用权，没有质量问题便切断与厂商之间的联系

服务
智能化的商业体生产并提供产品及产品附加的服务给到用户

使用
用户按照软硬件服务费标准，付费使用智能化商业体提供的产品和服务

共享
用户不拥有软硬件完整产权，与其他用户共享使用权，始终与智能商业体保持联系

工业化与人工智能

所谓智能化时代是指所有的服务都能通过智慧化的商业基础设施（即商业基础设施2.0）来"即插即用"和"用完即走"，人类所有的需求都能够轻松地联网解决。其中，众多的商业基础设施2.0企业是智能化时代标配的基础设施，人们通过使用商业基础设施2.0，而不是像现在一样购买商品来满足自身需要，人类将因此进入一个各种需求都能够被商业基础设施2.0有效满足的服务型社会，而不是各种商品都极大丰富的物质型社会。

物质型社会是一个没有尽头的深渊，中国的房子已经极大丰富了（已经够30多亿人居住了），而且还将丰富下去。但很多人还是会没有自己的房子，如果我们的经济模式一直是物质导向型的，我们就将永远不可能让人人都有自己的房子。服务型社会则是一个物尽其用的社会，我们现有的房子只要通过数字确权或租赁的方式连接上互联网，让房子能够有效地流通起来，让所有空置的房子都通过出租、出售进入自由市场，就足够我们居住了。

但从发展逻辑上来讲，物质极大丰富是服务型社会的前提，人类只有在物质极大丰富以后才可能向服务型社会过渡。因为当人们生产的商品足够用，甚至出现过剩、闲置了，可以轻松从市场中自由配置，每一个人都不再担心物质匮乏了，拥有商品的意义已经不大了，人们才会从"拥有"向"使用"过渡，社会也才会从"物质型社会"向"服务型社会"转型。所以，在未来相当长的时间里，人类还将为物质的极大丰富而奋斗。

第4章　重排：将资产放在正确的位置上

随着人类创造和拥有的资产数量越来越多，各种资产的过剩、闲置和浪费现象也越来越普遍。但人们信息的不对称和重资产流通性非常差，导致人们无法有效解决资产的过剩、闲置和浪费问题。

与此同时，资产过剩、闲置和浪费往往是一种宏观上的总体表现，并非每一个个体都如此。在微观层面，个别地区、个别企业和个别人群在社会总体过剩的情况下却同时存在个体资产稀缺的问题，我们通常称这种过剩是"结构性过剩"。比如，党的十九大报告就指出，我国社会主要矛盾已经转化为人民日益增长的美好生活需要与不平衡不充分的发展之间的矛盾。

商业应该怎样解决"结构性过剩"的问题呢？在这一点上，传统经济学是无能无力的，因为结构性过剩问题本身就是价格调节和供需调节失效所导致的结果。在传统经济框架下，无论怎样增加供给都不可能完全覆盖每一个个体的需求，只会进一步导致资产的过剩、闲置和浪费。

实际上，解决结构性过剩的问题，只能通过智慧化商业的"末端经济学"理论来解决。通过商业基础设施2.0的广泛连接和数据催化，把过剩的重资产变成可以自由流通的轻资产（数字资产或资产的数字化），让市场中的这些过剩资产在智慧化商业生态内充分地流动起来，从而让供给和需求在云计算、大数据、人工智能等新技术手段下进行精准对接，来彻底消灭有效需求的"供给盲区"。

一直以来，市场基于价格手段的供需自我调节被称为"无形的手"，而在《末端爆发：商业向心力竞争的深层逻辑》一书中，我将市场基于云计算、大数据、人工智能等智慧化商业基础设施的供需调节称为"无形的脑"，"无形的脑"将会解决"无形的手"解决不了的问题。本质上来讲，结构性过剩的问题其实是传统市场供需调节的模糊性、滞后性和传统资产配置高成本共同造成的。一方面，在传统经济环境下，市场的供需匹配需要很长时间，无法做到秒级响应，而且传统的市场自发供需匹配是一种非常随机的模糊匹配，无法像智慧商业一样做到供需的精准匹配和无缝对接；另一方面，传统的资产配置成本太高，人们往往需要购买才可以使用，其成本远高于互联网分享经济下的付费租用，导致一些负担不起费用的刚需被排除在市场之外（比如房子）。而以云计算、大数据、人工智能等商业基础设施2.0为特征的末端经济学则完美解决了商业秒级响应、供需精准匹配和低成本资产配置的难题，可以更好地帮助解决资产的结构性过剩问题，换句话说，"无形的脑"才是消灭结构性过剩的根本手段。

无论是"无形的脑"还是"无形的手"，它们都有一个共同的目标，那就是帮助人们将资产放在正确的位置上。只不过，"无形的脑"是用了一种更聪明和迅捷的方式，"无形的手"则显然用了一种自然和缓慢的方法。在这里，我把"无形的脑"将资产放在正确的位置上的现象称为"重排"。

重资产变成轻资产

把重资产变成轻资产是商业"重排"的前提，因为"无形的脑"只能对轻资产发号施令。

什么是轻资产呢？不同的人对轻资产有不同的理解，在本书前面的篇幅中也有提及。所谓轻资产是指具有自由流动特点的资产，是区别于传统"重资产"的非物质化资产，包括但不限于数字资产、精神资产、文化资产等。本书中所指的轻资产，通常指的是可以直接通过商业基础设施2.0接入互联网智慧商业生态进行秒级商业响应的资产。

比方说，普通自行车就不是轻资产，但共享单车是轻资产；传统出租车不是轻资产，但网约车是轻资产；房子不是轻资产，但经过数字资产确权的房子是轻资产；沃尔玛的商品不是轻资产，但盒马鲜生的商品却是轻资产；江南造船厂的工厂就不是轻资产，但富士康的智能工厂却是轻资产。

当然，我们如果生硬地从"重量"的角度来理解轻资产也无妨，反正数字资产一定是最轻的资产。资产变轻给商业社会带来的好处是显而易见的："100万元现金的重量大概是20多斤，而价值100万元的两居室房子的重量则有以吨计，如果把房子进行数字资产确权的话，可能只有几十KB大小，重量则可以忽略不计。资产变得越轻，就越容易进行交易、流通和使用，线下现金交易一栋房产可能需要几天的时间，但数字资产确权以后进行网上交易只需要几秒钟。

让笨重的重资产变轻并充分地流动起来，通过"无形的脑"的重排让资产在正确的位置上发挥作用，可以更有效地对各种社会资产进行合理的市场化配置，以减少资产的过剩、闲置和浪费，或者说帮助消灭"结构性过剩"，充分发挥各种资产的社会价值。

很多人认为阿里生态的商业版图和支配的商业资产太庞大了，动辄几百亿美元的投资太过激进，但他们没有看到的是阿里巴巴在云计算、大数据、人工智能等商业基础设施2.0领域"独孤求败"的商业地位。无论是以天猫、淘宝等为代表的电商基础设施，还是盒马鲜生、银泰等新零售基础设施，抑或是以蚂蚁金服为代表的新金融基础设施，以及以菜鸟物流为代表的云物流、物联网基础设施，阿里巴巴集团几乎掌控了中国智慧商业领域的"最强大脑"，这些"无形的脑"可以重排的商业资产远非国内任何一个商业主体可以比拟。

在未来的万物互联、万物流动的智慧商业中，资产变轻是不可逆转的商业趋势，一切重资产都逃离不了被智慧商业"重排"的命运。正因如此，商业的未来属于那些掌握着商业基础设施2.0的企业，而所有无法做到或无法有效融入秒级商业响应的商业主体，都不可能做到"将资产放在正确的位置上"。因为在智慧商业生态中，商业响应滞后就意味着会在竞争中挨打，供给和需求错配就意味着市场会失序，它们最终的结局就是被"无形的脑"淘汰出局，就如同商业银行若敢于坚持钱款隔天到账、业务柜台办理就一定会被支付宝、微信支付和互联网银行淘汰一样，这股市场趋势将会打破一切陈腐的垄断力量和不合时宜的制度安排。

轻资产驾驭重资产

商业基础设施2.0对资产的"重排"现象，正在社会经济的各个领域中发生。传统的经济安排被彻底打破，轻资产从各个入口切入传统的重资产领域，人们用资金、技术、信息流、口水仗，以及一往无前的激情和梦想，在传统重资产企业和垄断集团的重重封锁中撕开缺口。

关于这一点，看看国内如火如荼的新经济创新热潮就很清楚了。轻资产驾驭重资产和轻资产带动重资产加速流动的创业项目、投资项目比比皆是，大润发、三江购物、国泰、居然之家、百联集团，这些传统经济的代表企业纷纷被轻资产的互联网企业收编。轻资产和重资产的互混重排进一步优化了社会资产的配置，将传统重资产的效率发挥到了一个前所未有的极致状态。正是这种轻重资产的互混重排，达到了"将资产放在合适的位置上"的目的。

让轻资产驾驭重资产，可能会被别有用心的人指责为鼓吹"虚拟经济""泡沫经济"，会损害实体经济。那么事实真的是这样吗？

我们看到的真实结果是，传统的渔船接入大数据之后，捕鱼效率大大增加；传统出租车接入云计算网络之后，人们出行效率大大增加；传统的工厂进行工业4.0改造之后，生产效率大大增加了；传统的物流在接入菜鸟网络之后，物流效率得到了极大提升；传统的银行接入支付宝、芝麻信用以后，资金融通的效率大大提高……所以，所谓轻资产驾驭重资产的虚拟经济损害实体经济的说法，只不过是传统企业的偏见或掩耳盗铃式的自欺欺人罢了，或许他们发出质疑的真正原因只有一个，那就是传统重资产企业不愿意被轻资产驾驭或收编，一切只是维护自身既得利益使然，而不是推动商业进步使然。在这一点上，我旗帜鲜明地支持以马云、马化腾、刘强东、郭台铭等为代表的"五新经济",因为他们在推动商业的进步,推动社会进入轻资产驾驭重资产的商业未来。

马云和王健林的对赌,雷军和董明珠的对赌,就是作为攻方的新兴轻资产企业和作为守方的传统重资产企业激烈碰撞的鲜明写照,但他们都没能逃离混合重排的命运——万达玩命地想融入互联网,马云疯狂地收编传统商业。轻资产和重资产就像是硬币的两面,是灵与肉的关系,是彼此阴阳和合的存在,而不是势不两立的对立关系。它们只有彼此合为一体,才能最大化地发挥资产价值。

而且,一味地排斥"轻资产驾驭重资产"完全没有道理,因为轻资产驾驭重资产原本就是一种延续亿万年的自然规律。仔细想一想,人和一切动物不就是"轻资产驾驭重资产"的产物吗?人类用自己的思想和意识来驾驭肉体,动物也通过大脑的意识来控制身体,假如人和动物都没有了思想和意识,只剩下一副副躯体在地球上横冲直撞,这样的世界也是相当无趣了。

基于商业基础设施2.0的资产重排会一直持续下去,直到轻资产和重资产建立起像心灵和肉体一般的生物联系,就如同轻资产的自动驾驶系统能够自如地驾驭重资产的汽车一样,也如汽车能够对自动驾驶系统的指令做出准确反应一般。

当然,资产的混合重排远不止轻资产驾驭重资产这样一种形式。各种资产在商业基础设施2.0的作用下进行重新排列组合同样会促进"将资产放在合适的位置上",比如,资产A通过互联网云端的智能撮合与资产B进行重新组合（前提是资产A和资产B都实现轻资产化且能够联网），这也是一种资产重排。也就是说，基于商业基础设施2.0的资产重排，既可能打破供需之间的信息鸿沟、时空错配和连接障碍，也可能形成新的更高效的资产组合或不同商业主体资产的云端智能撮合，但其最终结果都是一致的：它们都加快了资产的流通和提升了资产的利用效率。

第5章 去货币：更便捷的数字资产配置

进入轻资产时代，商业社会将会面临一个"去货币"的过程。

其原因在于，货币是传统商业的产物，并不是适合数字经济的流通介质，就好比传统通信用"书信"来传输信息，而现代通信则用"光电"来传输信息一样。

在传统重资产主导的商业世界中，金银、钞票等货币的流通性较好，其充当一般等价物也更有代表性，所以有利于商业的流通；但在数字经济中，金银和钞票等货币流通的局限性就暴露无遗了，它们既无法做到毫秒级的商业响应，也难以充当具有代表性的一般等价物。所以人们需要比金银、纸币等更快的流通介质和更有代表性的一般等价物。

既然传统货币必然会被淘汰，那么在未来的智慧商业系统中，类似比特币、虚拟货币和各国央行的数字货币等会是一个好的选择吗？

理论上，它们只是一个过渡性的选择，是商业世界从重资产的工业化社会向轻资产的智能化社会转型的过渡性货币。要想发现一种完美的智慧商业货币，我们需要更有想象力，需要穿越到未来的"智能时代"中去切身感受和想象，什么才应该是彼时的货币。

电可以充当货币吗？

接下来，让我们先打开"脑洞"来想象一下未来智能时代的货币，想象未来货币应该满足哪些特征，以及它们会如何适应未来商业世界的运行。

我认为，理想的未来智慧商业世界的"货币"，应该满足以下几个特征。

一是它必须能非常方便地通过互联网进行流通，其流通能力和商业响应能力要非常快，速度要媲美传输互联网信息的光电，这样才有利于智慧商业的流通。

二是它应该是人人都需要的一种不可或缺的商品，而不是可有可无的东西。它最好是要能够产生价值的，满足这样条件的东西充当货币才更有代表性，才能被人们普遍接受。

三是它本身不需要任何信用背书，它自己就是背书，或者它本身与人们的共性需求直接挂钩。

四是为了最大化地节省商业响应时间，它应该是一种直接的数字生产力，使用它可以直接支配智能商业系统按照需求自主运行来响应和提供用户服务，而不仅是用来进行交换的媒介。

五是要便于通过智慧商业网络进行存储、使用、记录和追踪，这其中最主要的是可以被互联网记录，而且是可量化的、不可篡改的记录，这是为了节省商业运行时间和确保资金安全。

六是它需要是普惠的，人人都可获得，因为智慧商业是人类生产力的最高阶段，社会在按需分配的基础上多劳多得，它要能够普惠地满足人们基本的物质需求，而不能被少数人独占。

这些可以说都是非常苛刻的条件，但为了保障智能时代的智慧商业系统无障碍运行，以上条件又必须满足。

毫无疑问，传统物理性的一般等价物首先要被排除在外了，人们需要找到的是一种广泛存在于网络空间但又绝非纯虚拟的物质来充当货币——我能想到的智慧商业时代的理想货币是电。主要原因在于：电的流通速度足够快；电力作为智能时代的支柱能源，是每个人都不可或缺的；电本身就是能够驱动智慧商业的数字生产力；电是广泛存在于网络空间中的非虚拟物质，便于储存、记录和追踪；电的主要来源是太阳能，太阳能是一种普惠能源……可见，电几乎完美地满足了未来货币的6个条件。

下面，我们先假设电就是未来货币，然后进入具体的商业场景当中（比如个人的每月收入支出场景），对比一下未来以电作为货币的智能时代和当前以"纸币"作为货币的现实商业有何不同。

在当前社会，假设一个工业化时代的城镇职工的月工资是6000元，他的当月支出是这样的：1500元是房屋租金和水电费，1200元是买菜、吃饭的支出，500元是衣服鞋帽等购物支出，300元为汽车加油费，看电影花费100元，还有其他支出共计1000元，结余1400元，存入本人银行账户。

那么，切换到智能时代的商业场景，当我们把人民币换成电会如何呢？

在智能时代，假设一位智能时代的社会居民的每月工资是6000度电，他的当月支出是这样的：1500度电是智能居住空间的使用费，1200度电是使用人工智能餐厅的用电账单，500度电用来支付从智能工厂定制衣服的费用，300度电是使用自动驾驶汽车的支出，100度电是当月华纳兄弟影业的会员费，此外使用其他智能设备共计消耗了1000度电，本月结余了1400度电，存入本人的智慧银行账户。

要理解电为何可以作为智能时代的货币，最重要的是要了解智能时代的商业是怎样运行的。在智能时代，生活中的绝大部分工作都交给各种搭载了人工智能的机器来完成，机器按照人类的图纸盖房子，汽车按照人类的指令自动驾驶，餐厅按照人类的要求炒菜做饭，快递机器人按照用户需求送餐到住所，各种智能家居设备根据人类指令来运行，智能工厂根据用户的网络订单自动调集原材料进行生产……也就是说，在智能时代，只要你提供了足够的电力能源，人类就能够轻松享受各种商品和服务，电力能源是唯一的、也是世界通用的智能商业通行证。

届时，人类社会将根据每月总体的电力产量、个体的贡献等向每一位地球居民分配电力能源——未来货币，由于太阳能是普惠能源，所以每个人都能够分配到基本生活所需的足够电力，多余部分将会按劳分配。总体上，这些能源将维持互联网智能商业系统的正常运行，用来生产和提供人类所需的产品和服务，而每一个人则根据自己的电力能源收入水平进行自由支出和使用。届时，谁控制或分配到的能源越多，谁就会越富有。

电是绝对的"硬通货"

对于"电是货币"这种放飞想象力的想法，经济学家一定认为我是个十足的神经病。但科学家可不会这么想，他们很早就预言，超级文明存在的关键就在于能否开采并利用足够多的恒星能量，或者说能否造出包裹恒星的"戴森球"。

戴森球是超级文明用于采集恒星能量的一种"人造天体"，天文学家已经在通过观测"戴森球"来寻找外星文明。提出"戴森球"理论的是美国物理学家兼数学家弗里曼·戴森，他认为，一个高度发达的文明，必然有能力将太阳用一个巨大的球状结构包围起来，使太阳的大部分辐射能量被截获，只有这样才可以长期支持这个文明，使其发展到足够的高度。

"戴森球"的说法绝非无稽之谈，而是地球进入未来的智能时代要面临的一件非常现实的事情。在一个万物互联、万物智能的超智能社会，人类唯一需要的就是足够的能量来维持智能系统的运行。因为即便是类似谷歌的AlphaGo这样的人工智能机器人，它下一盘围棋所要消耗的能源相当于10吨煤产生的电量，可想而知，万物智能的社会对能源的需求必将是天文数字。当然，人类还会发明量子计算机使能源的利用更高效，也会发明能够核聚变的"人造太阳"等新能源手段来产生能量，以此来应对智能时代的能源挑战。但随着人工智能、物联网等进入应用和大规模普及阶段，以及人类将向更广阔的宇宙空间进行探索等，最终人类文明对能源的需求将是一个无底洞。

所以，电和各种能源绝对是智能时代的"硬通货"，毫不夸张地说，智能时代的"未来货币"即便不是电，也必然是围绕着"能源"来产生的。而关于这一点，我们现在就可以找到蛛丝马迹。如果把目光拉近一点，放到当下来观察的话，坊间炒得火热的区块链货币——比特币，就是一种跟电、跟能源密切相关的虚拟货币，每一枚比特币的产生，都需要比特币矿机的海量计算并消耗大量的电力能源。有报道称，2018年，冰岛的数字货币开采所消耗的电力将会超过冰岛全年所有生活电力的消耗，而2018年比特币开采用电量将占全球电力消耗的0.5%。

最为关键的是，将电作为未来货币的好处是显而易见的，届时各种数字资产的配置将会非常便捷，商业响应的速度也将能够达到"所想即所得"的程度。例如，只要支出一定数量的"电"，就可以支配智能系统自动运行来获得相应数量的其他数字资产。假设你想要雇用一台建筑机器人，那么你只要从自己的智慧银行账户中向系统支出2万度电，系统就会按照指令让智能工厂生产出来一台供你调遣，而且作为货币的电本身就是生产力，它自己就能够支配智能系统自动运行，减少了很多的冗余环节，商业响应是毫秒级的。那时候"钱"就真的可以让"鬼"推磨了，你的电力资产将直接让像幽灵一样的人工智能按照指令进行工作。

眼下，各国央行将要推出的数字货币，会不会跟电力、跟能源产生直接的联系，现在还不得而知，但它们的流通速度肯定会像电一样快。同时，发展数字货币不能陷入一个误区——就是简单地认为数字货币就是传统货币的电子化，因为真正的数字货币不仅仅是货币，还应该是像电一样的智能时代的生产力，可以直接用来进行智能生产以减少商业响应时间和中间环节，而不仅仅是一种交换工具。

总之，未来智能时代的货币——如果还能称之为"货币"的话——绝不能仅仅是单纯作为交换介质的一般等价物，而更应该是一种生产力。想象一下，你早上醒来对自己的"货币"说："嘿，我要一辆蓝色镶钻的沃尔沃房车，上午10点和伊万卡去野三坡约会用。"然后你的"货币"直接操控吉利的智能工厂，在两小时之内打造了一辆房车出来，一点都没有耽误你们的约会，是不是很酷？

第6章 迭代：重资产的快速迭代之殇

重资产的迭代是一个非常缓慢的过程。从第一把石斧被创造至今，人类经过了数万年循序渐进的摸索，才终于建立起机械化的工业体系。

未来，人类抵达智能社会的路径，注定也不会是大跃进或突变式的，而将是像从原始采集社会到现代工业社会一样不断迭代升级的过程，但智能时代的迭代升级又将与过去迥然不同。区别在于，一是迭代升级的时间快慢不同，二是迭代升级的形式和内涵不同。工业时代的迭代升级以机械等硬件为主，是重资产的迭代升级，物质条件和时间都是决定性的因素，但智能时代的迭代升级则是以计算机软件为主，是轻资产的迭代升级，计算能力和算法创新是成功迭代的决定性因素。

从第一辆奔驰马车式三轮汽车被发明到现在，汽车产品经过了100多年的漫长迭代升级历程，但汽车产业并没有发生任何足以令人惊叹的变化。与之形成鲜明对比的是，特斯拉电动汽车从2008年第一辆实车交付用户开始，到实现第九代自动驾驶系统的迭代升级，成为"互联网汽车"当之无愧的霸主，也仅仅经历了十多年的历程。

重资产为什么不能够像特斯拉自动驾驶系统一样快速迭代呢？

其实，人们迭代升级一款软件容易达到立竿见影的效果，但硬件的迭代升级则常常是旷日持久的，因为所有具有物理性质的事物——重资产，其迭代都必然需要经历一个过程，就是在原有的物质基础上进行必要的改造。从石造建筑升级到钢筋水泥建筑，必须把建筑推倒重来；从白炽灯到LED灯，必须把灯具废旧换新；而想要提升火车的运输效率，也必须对铁路硬件设备进行升级改造。然而，类似特斯拉自动驾驶系统这样的轻资产，却天然具有快速迭代的优势，它们基本上不需要经过任何物理改造，只须将软件进行必要升级即可。

换句话说，重资产的迭代升级一般需要付出高昂的、额外的物理替代成本和时间成本，而轻资产的迭代升级则只需要在软件方面提供更高效的算法计算和数据处理能力即可。无论是从成本的角度考量，还是从效率的角度来评估，轻资产的迭代升级都比重资产的迭代升级略胜一筹。

美国高铁悖论

美国人真的不想建设高铁吗？

坊间有很多对这一问题的讨论，仅知乎上"为什么美国不大力修建高铁"这一问题的浏览量就高达300万人次，一些专业人士更是从美国的人口、地理、城市、联邦制度、铁路历史、产业、环保甚至法律等多重因素进行了深入分析，并罗列出了美国不适合修建高铁的种种理由。

近些年来，中国高速铁路的发展非常迅猛，已经成为享誉世界的一张中国名片，全世界都在关注中国在高速铁路建设方面所取得的辉煌成就。印度、马来西亚、瑞典等很多国家都将建设高速铁路提上日程，而反观世界经济最发达的美国，在高铁建设方面的意愿不强，就连美国的记者都"吐槽"自己国家的铁路基础设施已经严重落后于中国，但即便如此，美国对引入中国高铁依然兴趣寥寥。

那些持"美国不眼红中国高铁"观点的人十有八九是被遮蔽了眼睛，因为美国一方面对引入中国高铁不甚积极，另一方面却极力推动埃隆·马斯克的"超级高铁"项目落地。马斯克已经得到了美国政府的批准，在纽约、华盛顿特区之间挖掘一条约363公里的地下隧道，建立由马斯克创立的无聊公司（The Boring Company）研制的高速交通系统。

按照埃隆·马斯克的计划，纽约华盛顿之间的超级高铁每日可以运送16.4万名乘客，每40秒就可发车一次，这种新式交通系统能够加速到时速1220公里，超过绝大部分飞机的最高时速。他还计划用3年形成实际运力，10年建成连接全美重要城市的超级高铁网络，美国任何两个城市之间的旅行时间都将不超过4小时。

马斯克雄心勃勃的高铁计划得到了美国地方政府的支持，这充分说明了美国人并非不想建高铁，而是有着自己的"算盘"。毕竟传统铁路改造升级成为高速铁路花费不菲，不是像简单的Windows系统升级那样轻松，这样一项足以动摇国家预算的大生意，美国怎么可能轻易拱手让人呢？

正是因为重资产迭代升级成本高昂，所以高铁作为一个"重资产"项目，可真不是随随便便就能建的，甚至一些已经批准了高铁项目的国家，在最后关头也因为成本等原因不得不宣布取消，宁愿向对方支付合同违约的违约金。相比重资产迭代升级面临的成本之痛，类似特斯拉自动驾驶系统这样的"轻资产"项目的好处就显而易见了，人们无须购买一辆新的特斯拉汽车，也能够享受到更高效的自动驾驶体验，只需要付少量费用更新软件就行了。

无限迭代的智能社会

每一次的重资产迭代都伴随着一次社会资源的浪费和社会财富的透支，我们可以称之为"重资产迭代之殇"。

比如，美国19世纪的铁路革命就给当时的社会带来了巨额的负债，铁路公司的债务违约甚至还一度导致美国公司债券市场的崩盘。当前，中国的高铁建设也同样背负着巨额的债务，中国铁路总公司的总负债规模已近5万亿元，同时很多绿皮车、高速列车等铁路资源被淘汰、闲置和浪费，相应的产业链公司也被劣汰，这些都是中国铁路迭代升级所付出的代价。

无论是对于我们的社会，还是针对每一个个人来讲，重资产的迭代之殇都是非常恐怖的现象，假如重资产的迭代过于频繁，社会财富和个人财富将会很快因此耗尽。试想普通人如果每年都拆了自己的房子然后在原址重盖更高级的房子，他很快就会因此而破产。

但轻资产的迭代就不存在财富透支的问题。人们的手机可能有几十个App，这些App每个月都可能会迭代升级一次，升级后的App会增加新的功能、扩展新的类目或连接更广泛的人群等，然而我们并不需要每个月都更换一部新的手机，其迭代升级的代价仅仅是一些数据流量。所以，理论上这些轻资产的App可以无限地进行迭代升级，丝毫不会造成社会资源的浪费和人们财富的透支。

举一个简单的例子，一家传统的实体卖场在迭代升级过程中，如果要增加数万种新商品，就必须进行原址扩建或者搬迁；如果想要容纳更多的人前来购物或开辟更多的收银通道，就需要对卖场进行改造和重新装修。不仅所费不菲，还要耗费很长的时间，这样卖场每半年重装修一次就已经不堪重负了。但手机端的电商App，增加商品类目、处理更多的流量和支付请求，可能只需要软件工程师十几个小时的奋战就能够搞定，而且这样的迭代升级每年可以进行上百次。

一个可以无限迭代升级的智能社会，也将是一个加速发展的社会，未来人类社会一天所取得的成就甚至将超过现在一年甚至十年取得的成就。从电话机的普及到智能手机的普及，迭代的次数十分有限，却用了100多年的时间，这一过程可谓旷日持久；相比之下，人类开发人工智能的迭代升级要迅速得多，新版阿尔法狗（AlphaGo）从零开始学习到打败所有人类棋手，只需要40天时间自我迭代。

资产迭代一次就透支一次社会财富的重资产时代正在远去，未来智能社会的一个显著特征就是"轻资产迭代"。所有有竞争力的企业都必须掌握以无限迭代、快速迭代、无损迭代和自我迭代为特征的轻资产迭代能力，这种迭代效率和成本优势是传统重资产迭代所无法企及的，无法做到轻资产迭代的企业根本无法适应智能时代的生存。

第7章　分权：物尽其用的新型产权社会

新兴商业与传统商业有一个很大的不同点在于，传统商业对资产实行"集权"管理，但新兴的互联网商业则对资产进行"分权"管理。

什么是集权和分权呢？

这里的集权和分权是一种形象的比拟，具体针对的是资产的所有权、经营权、使用权和收益权等。比如万达集团经营一座"万达茂"商城，它通常既拥有该物业资产的所有权，也拥有其经营权，同时还对部分不对外出租的物业拥有使用权（比如万达院线），所以万达茂商业模式就是典型的资产集权管理模式。绝大多数的传统企业都是集权管理模式，即所有权、经营权和使用权不分离，这有利于企业对自身资产进行灵活、统一的集中管理。

但新兴互联网公司则更多地选择对资产进行分权管理。例如，滴滴对私家车没有所有权，但有经营权；阿里巴巴对卖家售卖的商品没有所有权，但有收益权；用户对摩拜单车没有所有权，但有使用权；货拉拉对个体货运司机的货车没有所有权，但有经营权；贝壳网对房源没有所有权，但有经营权，租户对贝壳网上的房子没有所有权，但有使用权，房主对房子没有经营权，但有所有权和收益权。分权管理有利于互联网企业整合海量、分散的社会资产来服务同样海量、分散的用户，毕竟一家企业自身能够拥有和维护的资产是十分有限的，企业自有资产所能直接服务和对接用户的数量也是有限的。

互联网公司或者说新兴商业为什么热衷于对资产进行"分权"管理呢？

简单说，就是分权可以"无中生有"，尽管企业不拥有任何资产，却用别人的资产为自己创造了利润。互联网商业是一种智慧商业，尤其是在云计算、大数据、区块链等新兴技术走上应用阶段之后，互联网公司可以通过"分权"管理来整合海量、分散的社会资产，搭建一个物尽其用的商业生态，把社会上闲置和浪费的资产解放出来，让市场中有效供给和潜在需求充分、精准地对接，从而让市场中的各种资产在流通中创造商业价值。

区块链分权：让大额非标准化资产"上网"

相当数量的区块链跟风创业者，没有完全搞明白区块链究竟可以怎样重建商业新秩序。中国的区块链产业泡沫非常严重，绝大多数的区块链创业者都只是在"炒币"，在盲目地开发各种区块链虚拟货币，只有很小比例的创业者看懂了区块链产业的未来。

那么，区块链将怎样重塑商业新秩序呢？一方面，区块链因其去中心化、点对点传输（交易）的特点，将成为构建秒级响应商业生态的基础技术；另一方面，区块链又具有可追溯、信息不可篡改的特点，通过区块链技术进行资产的数字化确权和分权记录后，就可以将更多的传统重资产纳入智慧商业生态。比如让一些大额的非标资产"上网"，而一项资产一旦可以进行数字化确权，它就可以更好地进行区块链分权管理。比如，区块链平台会清楚记录一栋房子的所有权是谁的，租赁权是谁的，使用权是谁的，收益权又是谁的，并且记录详细的交易或产权变动过程，从而对以上"四权"进行记录、交易和追溯，这样就可以让房子上网自由流通，达到物尽其用的目的。

区块链分权可以说是资产管理领域的一次"革命"。传统商业对资产进行分权管理有一个很大的弊病，就是资产的所有权、经营权和使用权不透明，变更过程烦琐，导致资产的诈骗案件和资产纠纷频发，这也成了限制大额非标资产流通的最大阻碍。在这种情况下，区块链分权的优势就显现出来了，由于交易可追溯、信息不可篡改，资产交易就不会出现重复出租或多头转让等混乱的现象。

一直以来，能够上网流通的资产都非常有限，一开始仅限于一些小额的标准化商品，比如3C家电、服装鞋帽、食品饮料、图书音像等品类，后来大额标准化的商品诸如汽车、新房等也可以进行线上交易，但像大额非标准化的二手房、土地、工厂机械和虚拟的品牌、技术专利等资产如何上网流通，却始终无法破局。现在，用区块链技术对资产进行确权和分权记录以后，就可以通过产权追溯与变更、出让经营权或出让使用权等方式实现大额非标资产的上网流通了。未来，诸如城市里闲置的房子、农村闲置的土地和城乡闲置的劳动力都将是可以上网流通的非标资产。

用区块链对资产进行数字确权、分权和交易追溯，将是实现资产在互联网上进行分权管理的基础。当海量的数字资产在智慧网络中自由、安全地流通时，资产的所有权、经营权和使用权等就将基于区块链技术被高效地管理和完整地记录，所有闲置的资产就将有机会被有需要的人使用，届时一个物尽其用的新型产权社会就真正建立起来了。

现在，重庆、贵州、海南等地已经在着手建立基于区块链技术的"数字资产交易所"，说明人们已经预见到了未来新兴商业对资产进行数字确权和分权管理的市场机会了。

在2018年中国国际大数据产业博览会上，北大光华管理学院金融系主任刘晓蕾提出，应该考虑建立中国的数字资产交易所。但如果她想建立的是一个普通老百姓可以参与的比特币等加密数字货币的交易平台，这就搞错了交易的对象了。货币流通本身不需要交易所，货币交易也不创造价值，资产的流通才需要交易所，只有资产流通起来了才能够创造价值，所以数字资产交易所更应该是一个各种资产进行数字确权和区块链分权管理后进行线上点对点交易的平台，而不应该是所谓的数字货币的交易平台。

"三权分立"：农村土地物尽其用

资产的"分权"管理并不是新鲜事，它一直都存在于我们的经济生活中，只不过互联网经济的发展推动了"分权"向更多的资产领域推进。诸如土地、房产、汽车甚至人才、知识产权等都在从"集权"走向"分权"，未来的智能社会"分权"将会越来越普遍。

现实是，中国目前就正在积极推进农村土地的"三权分立"。

1978年改革开放以来，中国加速推进工业化进程，数亿农村人口到城市打工，数千万人在城市中安家，造成中国广袤农村的大量土地被闲置。

在这样的背景下，2014年中国新一轮土地改革确立了农村土地所有权、农户承包权和土地经营权"三权分立"的新模式，将原来的"两权"变成了"三权"，增加了"土地经营权"。这为农村土地资产的自由流转创造了有利条件，在土地所有权和农户承包权不变的情况下，土地经营权可以进行流转和抵押贷款——这意味着土地资产可以在市场中自由流动起来了。

农村土地资产的"分权"将可以有效解决中国广泛存在的土地闲置问题，目前包括耕地和宅基地的"分权"，都已经在政策和法律层面获得了积极推进。但土地分权以后的自由流动，通过传统的商业手段是无法解决的，因为人们无法准确掌握哪些农民愿意出让经营权，以及愿意出让经营权的土地适合种植哪些作物等数据。

这个问题最好的解决办法，就是通过互联网大数据和区块链技术来解决。可以建立网上的土地流转交易所，将可市场化流转的土地建立起大数据，把诸如土地权属（所有权、承包权、经营权）、土地位置（面积、海拔）、土壤性质（湿度、日照、雨量）、流转期限、流转费用等数据统一"上网"，通过区块链平台建立起土地流转档案和线上交易机制，就可以解决传统商业中土地资产无法高效流转的问题。

分权经济学：社会资产物尽其用

过去的经济发展是以"产权"为中心的，传统商业体系建立了严格的产权制度，通过产权的界定、变更、交易和维持等来优化资源配置，还专门有一个学科就叫"产权经济学"。

但新经济的发展开始呈现出以"使用权或经营权"为中心的特点，由互联网公司搭建一个个"使用权或经营权"自由流通的平台，通过对使用权或经营权的界定、变更和交易等来促进市场资源重新排列组合，活跃市场经济，实现供需匹配和对接。其好处是经营主体通过"将使用权或经营权从资产中分离、独立"来实现让资产变得更轻、更易于流动的目的。这里我们把"将使用权或经营权从资产中分离"的新经济称为"分权经济"。

比如，自2015年以来，以滴滴等为代表的一大批互联网分享经济的崛起，就是互联网"分权经济"的典型代表。滴滴作为一家互联网平台，将私家车的使用权、经营权从个人资产中分离和独立出来，用于网约车的商业运营。滴滴这种经济模式与传统出租车最大的不同就是它不以产权为中心，绕过了资产的产权，让使用权和经营权在商业中流通起来。

分权经济的好处是显而易见的，它让大量拥有固定产权的闲置资产通过使用权、经营权分离的形式流入了市场，达到了社会资产物尽其用的目的。

第8章 非物质化：超越物质主义的商业文明

人们会为哪些商品付费呢？

过去，人们习惯把钱花在柴米油盐上，花在购买衣物、金银首饰、化妆品上，还会花在购买手表、手机、电脑、房子、车子上。假如我们做一个统计就会发现，以前人们绝大部分的支出都用在了"物质化"商品的消费上，以满足人们的衣食住行用等生理层面的需求为主。

现在的人把钱都花在哪里了呢？旅游可能是一笔很重要的支出，看电影、读书、看话剧、听演唱会、看足球赛、朋友聚会等的消费支出也不少，运动健身、足疗按摩、教育培训、游戏K歌、打赏主播等通常也是笔不小的支出。人们已经习惯为"无形的、非物质的"商品付费，来满足自身精神愉悦的需要。

年轻人的非物质消费现象尤其普遍和突出。比起花五六百元吃两顿火锅大餐，小姑娘们更愿意用这笔钱到健身房里减掉半斤肉；上班族省吃俭用攒下万把块钱，不过就是为了飞到日本看一场烂漫的樱花，或到马尔代夫看一眼碧蓝的海水，或到大理来一段传说中的艳遇；足球迷们也可以花几千块钱买一场亚冠杯比赛的门票，但却很可能舍不得花同样的钱买一双足球鞋。

一言以蔽之，人们的消费越来越指向跟精神愉悦有关的、非物质化的"轻资产"领域。而从"物质化"到"非物质化"的消费转变，不仅仅是商业社会从满足生理需求向满足精神愉悦的商业蝶变，更是将人类社会推向了一个超越物质主义的高阶商业文明。

商业新大陆：开辟精神蓝海

人类的精神愉悦需求是一片亟待开拓的商业新大陆，就如同16世纪前后的地理大发现一样，新生代的企业家们纷纷瞄准了人类的"精神愉悦需求"，开辟着商业世界新的蓝海，并与制造业起家的传统商业大佬们分庭抗礼。

国内很多A股上市公司一年的利润，都不及一个当红网络女主播一年的税后收入，一部电影的票房收入动辄几亿元到几十亿元不等，一线歌手演唱会的门票炒到比一辆汽车还贵，九寨沟一张门票的价格是220元……在一片质疑声中，人们的"精神愉悦"已经是一个潜力巨大的商业市场。

人们消费的非物质化，也倒逼新兴的商业基础设施和新兴的商业体要围绕着"精神愉悦"来展开。农村垦荒的耕地开始退耕还林，变成悦人眼目的绿水青山；荒废的制造工厂修葺一新，变成了艺术气息浓郁的798艺术区；现代化大城市纷纷做起了复原旧建筑街区的旅游生意；远近闻名的房地产商人变成了中超足球队的大老板；山西的煤老板们摇身一变成了电影制片人；建筑工地上的打工仔成了斗鱼上户外直播小哥……传统的商业体系纷纷坚定地走上了去物质化的商业之路，以满足人们的精神愉悦需求为第一要务。

基于人们的精神愉悦需要，一些新的职业也开始批量产生，比如主播、伴游、陪聊、美容师、助眠师、造型师、成功学导师、正能量心理师、情感咨询师、旅游体验师、景观设计师、汽车美容师、酒店试睡员、声音私教、游戏解说、游戏陪练、宠物心理师、星座命理师等。尽管这其中的很多职业被认为很"奇葩"，但围绕着他们却形成了一个个非常庞大的商业市场。

传统制造业企业家在各种场合抨击虚拟经济泛滥，抨击年轻人不务正业，说他们不进工厂上班，都去开网络直播玩游戏、唱歌、跳舞。但现实的商业发展趋势就是这样，人们已经有了比物质主义更高的商业需要，没有哪个经济学家敢说满足精神愉悦需要的经济不是市场经济的一部分。

传统的商业是物质主义的，新兴的商业却要开辟一片精神蓝海。所以，人们对"资产"的定义需要与时俱进，精神需要也是资产价值的一部分，甚至它本身就是一种资产。吉利汽车工厂里生产的汽车是资产，横店影视城拍出来的电影也是资产；富士康工厂制造出的手机创造了财富，健身房里的教练帮助客户减肥也活跃了市场……消费的去物质化背后正是资产变得越来越轻，变成了一种愉悦精神的、非物质的存在，人们的去物质化消费也倒逼着时代加速迈向"轻资产时代"。

励志橙传奇：精神与物质的叠加

"轻资产驾驭重资产"是新兴商业的基本特征，这一点不仅体现在互联网数字资产可以轻松驾驭传统重资产，更体现在精神资产也同样可以驾驭物质资产上。

比如，褚时健的"励志橙"就被附加了精神资产，它是人们"精神需要"和"物质需要"完美叠加的产物。显然，消费者以远高于市场价的价格购买褚橙，并不是因为褚橙作为物质商品本身有多么香甜可口，而是因为褚橙背后的故事与人们产生了精神上的共鸣，满足了人们精神层面的需要。其背后的商业逻辑是褚橙精神驾驭了褚橙产品，创造了励志橙的销售奇迹。

过去，当企业卖一辆汽车时就是在卖汽车，卖一台空调就是在卖空调，卖一部手机就是在卖手机，企业卖的就是实实在在的物质化产品；但现在卖汽车的可能是在卖"荣耀"，卖空调的可能是在卖"贴心"，卖手机的可能是在卖"情怀"，企业贩卖的对象已经从纯"物质"升级到"精神"的高度了，消费者更多地是在为产品背后的"精神共鸣或精神满足感"买单，真正驱动商业向前发展的是"物质背后的精神需求"。

又或者，卖空气真的是在卖空气吗？贵州茅台真的是在卖茅台吗？在打火机已经如此普及的当下，卖火柴真的是在卖火柴吗？消费者之所以买空气、买茅台、买火柴，本质上还是因为他们在为自己的精神满足感买单，有道是"哥抽的不是烟，是寂寞""哥喝的不是酒，是激情""姐穿的不是衬衫，是整个春天"。

商业是人们建立的一种"连接"，过去它更多连接的是人们的生理需要和外部的物质世界，但现在它还要更多地连接人们的自我实现需要和外部的精神世界。商业正在沿着马斯洛的需求层次理论，从基本的物质需要走向更高阶的精神需要。

中国已经在向更高的富裕阶段迈进，人们的需求也将从基本的生理需要向自我实现的需要转变，未来商业的发展也要满足人们自我实现的需要，要帮助人们在精神上、意识上收获满足感，单纯满足"吃穿住行用"的需要已经不足以刺激人们的消费欲。

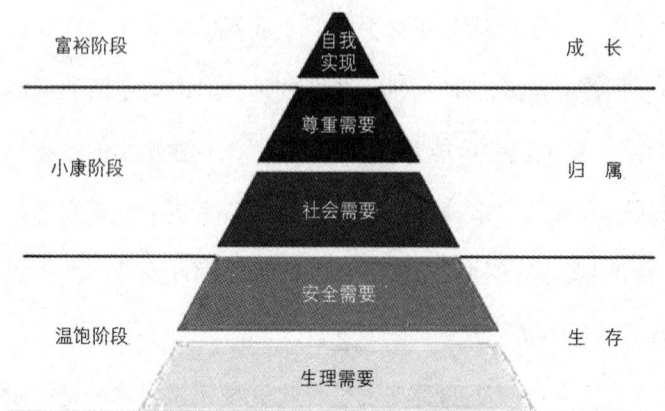

马斯洛的需求层次图

突破"邓巴障碍": 被社交网络赋能的新兴商业

人是社会动物,"精神愉悦"的基础在于人与人之间要建立起更多能够引发心灵感应的"连接"。只有拥有了广泛的社交关系,人们才能创造出璀璨的文化和多彩的文明,创造出更多有价值的、能够满足人类精神愉悦需要的"精神资产"。

古往今来,无论是源远流长的中华文明,还是多姿多彩的古罗马文明、古希腊文明、印度文明,它们的发展都离不开聚居的人群和发达的社交关系,而那些离群索居或孤悬一隅的原始部落文明则像转瞬即逝的流星一样,消失在了人类历史的长河中。可以说,广泛的社交关系是创造人类精神财富的最大动力,也是人类精神文明不断涌现活力的源泉。

但在社交网络出现之前的传统商业关系中，人与人之间的"连接"是严重受限的，一个人能够连接的人数不超过千人，人们稳定的社交关系严格按照人类学家罗宾·邓巴提出的"150定律"进行（即人类智力允许人类拥有稳定社交网络的人数是148人，四舍五入后大约是150人）。这导致的结果就是人类的精神资产因为有限社交关系的阻碍，无法得到充分的创造和最大化的价值释放。

换句话说，人类"精神资产"的井喷，必须突破"邓巴数字（150定律）"这一社交关系障碍，让每一个人都可以轻易地连接数千人、数万人。当人与人之间的"连接"呈指数级增加，人类在精神层面互动交流的密度也就呈指数级增多，人类在精神文明创造方面的产出自然也呈指数级增加，人类将由此真正进入到一个超越物质主义的高阶商业文明中。

幸运的是，社交网络彻底改变了传统的社交关系桎梏，带来了人类"精神资产"的井喷。人们通过脸书、微博、微信等众多的社交应用连接到了远超"邓巴数字"的社交关系，按照六度空间理论，社交网络时代每一个人通过最多6个有效连接就能和世界上任何一个陌生人建立起联系，理论上我们借助社交网络可以连接的人数是现实世界中认识人数的"六次方"，人们只需要认识不到30个人，就可以与全世界60亿人建立起连接。

现实的情况是，社交网络借由人们精神层面的广泛连接和心理共鸣，开始为各行各业进行商业赋能。从来没有一个历史时期像现在一样，人类的精神文明创造行为空前活跃且成果斐然，跟人们"精神需要"相关的知识产业、娱乐产业、文化产业、旅游产业、体育产业、游戏产业等都空前繁荣，这些直指人类精神需要的新兴商业彻底覆盖了传统商业的光辉，娱乐明星、知识精英、网红"大V"占据了社交媒体最多的流量和版面，而传统物理性的商业基础设施正被以社交网络为特征的新兴商业基础设施取代。商业摇身一变成了人们的一种精神联系，而不再只是物质的连接，几乎所有的世界 500 强企业都在社交网络上绞尽脑汁地讨好年轻人，而不是像以前一样信奉所谓的"渠道为王""终端制胜"。

人们的消费观，特别是年轻人的消费观已经彻底改变了。一款产品是否能够受到他们的追捧，产品的精神愉悦属性或者说体验感对于他们决策的重要性，已经远远胜于产品的物理属性本身（包括产品品质、产品性能等）。人类数千年的商业史从来没有像现在这样是"超越物质的"，人们更多地是为了满足精神需要而非生存需要做出商品购买决策。

一言以蔽之，商业正在超越物质主义走向精神主义。传统商业是买卖东西，是搭建了一个"物质"的连接，只要产品好就足以打动人，人们会为产品的物理属性买单。但新兴商业是买卖心情，是搭建了"精神"的连接，产品好已经不足以打动人，人们更愿意为自己的体验感和精神愉悦买单。

中篇

末端经济崛起：

通往智慧商业的效率新变量

新兴商业是一场效率之战，并且将重新定义"什么是真正的效率"。

在传统商业中，市场需求与有效供给之间有一条冗长而低效的商业链，中间隔着反应迟缓的渠道商、多级代理、零售商，这样的传统商业就像是一台依靠齿轮咬合、机械传导的机器系统。但新兴商业则不同，市场需求与有效供给之间是由网络连接和数据算法构成的一条高效而快捷的商业链，需求和供给瞬时传导、即时响应，新兴商业更像是一个布满神经网络并进行神经传导的生物体，消费者的需求可以立刻得到响应。

对于生物体而言，生物效率的产生是基于发达的生物神经网络，而对于商业体而言，生物效率的产生则基于商业基础设施2.0的连接和数据组成的一个个"神经末梢"。正如《末端爆发：商业向心力竞争的深层逻辑》一书所指出的，以商业基础设施2.0为特征的互联网智慧商业可以让商业在"末端"爆发，商业体像生物体一样，拥有了可以准确触摸商业末端并做出即时响应的"神经末梢"。

如果把传统商业的"机器效率"和新兴商业的"生物效率"做一个形象的对比，前者相当于人类用火箭把卫星送到太空，后者则类似于太阳用光波把能量送到地球。很显然，火箭运送卫星的物理传输效率与太阳光传送能量的光波传输效率有云泥之别。现实的问题在于，重资产只能采用物理传输的方式，但轻资产则可以采用光波传输的方式，这就决定了未来的智慧商业世界必然是一个轻资产的世界，资产只有足够轻才可以适应光波传输，商业反应迅速才能更接近于神经反应。新兴商业的运行为何要指向"生物效率"呢？这正是本篇"通往智慧商业的效率新变量"所要寻找的答案。

智慧商业

引言

Qing
Zichan Shidai

商业运行的生物效率，真的遥不可及吗？

当人们谈及"效率"这个词的时候，它究竟是一个个体的概念，还是总体的概念？是系统的概念，还是局部的概念？

就个体而言，相比于自行车，汽车的交通效率显然更高，但就整体拥堵的城市交通系统而言，3公里以内自行车的通勤效率要比汽车高。为什么人们追求个体交通的绝对高效反而带来了城市交通总体的低效，甚至是城市交通系统的崩溃呢？可见，传统商业基础设施对"效率"的理解是十分狭隘和矛盾的，一味地追求高效反而可能会得到相反的结果，这显然不是现代商业所孜孜以求的"效率"本身。

那么，城市是应该继续优先发展高效的汽车交通，还是应该补足自行车基础设施的短板呢？这是一个值得人们思考的"效率"问题，它关乎个体与整体、系统与局部的"效率均衡"。中国的绝大多数城市，在2015年之前都在大力发展汽车交通，很多城市，包括北京、上海这样的国际大都市都没有规划完善的自行车道。我们很难说这是因为地方政府的短视，毕竟在人们眼中，发展汽车交通本就意味着效率。

现在，滴滴、优步的出现，共享单车的出现，以及智慧交通的应用，让人们开始重新审视和思考城市的交通效率问题，以互联网智慧交通为特性的新兴交通基础设施改变了人们对"效率"的理解。为了使个体效率和系统效率达到一种"效率均衡"，城市开始基于交通大数据对基础设施进行各种微观调整和改造，北京甚至出现了第一条自行车高速公路。当然也有人说这是因为要维护"路权"，是自行车一族维护自身路权的胜利。但在我看来，建设自行车高速公路归根结底还是因为"效率"的需要。

在新兴互联网商业基础设施出现之前，在很多类似城市交通这样的生活和商业领域，人们都忽视了对个体效率和系统效率进行均衡，天真地以为个体效率的提升就一定会带来系统效率的进步。所以，过去每一个人都要购买一部电脑，每一家企业都需要购买大空间的存储设备，但其实这根本不是效率最大化的选择，现在企业终于发现集中管理的"云端"是更具效率的选择。

也就是说，传统商业是有严重缺陷的，它们无法充满智慧地对个体效率与整体效率做出平衡。其原因在于，传统商业中个体与整体之间并没有建立起有机的联系，人们不掌握个体效率与整体效率之间的数据逻辑（即便掌握了数据逻辑也无法做出微观层面的即时调整），甚至一度误认为个体效率就等同于整体效率，或者主观推定系统的效率进步就是因为个体效率的提升。

就"效率"而言，新兴智慧商业的终极任务就是在个体效率和整体效率之间找到一个"效率最大化"的平衡点，这个平衡点只有通过精确的生物计算才能找到，而机器无法找到。比如，人和动物可以对自身的行动路线进行生物计算，然后综合选择一种效率最大化的目的地抵达方案，但汽车和自行车是无法做到的，因为它们不懂如何进行生物计算，这也是为什么上文中所说的新兴商业的效率之战指的是"生物效率"而非"机器效率"。同时，对整体与个体之间的效率进行平衡，也只有通过新兴的智慧化互联网商业基础设施才能够完成，传统商业基础设施则无能为力。

现实商业正处在这样一个从"机器效率"向"生物效率"的转折点上——既要看个体，也要看整体，既要看局部，也要看系统，而绝不能像以前一样把它们割裂开来看。更进一步地，不仅机器解决不了个体与整体、局部与系统的生物效率问题，市场之手、政府之手也解决不了个体与整体、局部与系统的生物效率问题；在提升商业的"生物效率"问题上，市场是失灵的，市场的自我调节并不能带来商业效率质的提升，政府的管理也是混乱的，往往顾此失彼或过犹不及。更形象的说法是，在旧的商业秩序下提升城市交通的总体运行效率，市场表现得就像是个傻子，交管局就是个笨蛋，汽车则像是一只只无头苍蝇，它们提升效率的种种努力不仅帮了倒忙，导致了严重的交通混乱，甚至还影响了人们生活的其他领域，诸如摇号购车、尾号限行等奇怪政策在各大城市大行其道，偌大的国际大都市变成了一个个独立王国。人们迫切需要一种新兴的智慧化商业基础设施来帮助解决城市交通的"生物效率"问题。

未来是一个"万物互联"的商业时代，个体和总体、局部和系统、宏观和微观，是我们探寻未来智慧商业的效率方案所必须平衡的三种视角。作为一位公关人，我很喜欢用宏大的视角去思考问题，这可能是一种"职业病"。因为我提供公关咨询服务的企业，大都做着几十亿、数百亿甚至上千亿元的生意，但这些企业的公关部也不过只有十来个工作人员。如果让这十几个人耽于思考和解决太多细枝末节的问题，而没有通达的大局观，没有深邃的远见，没有驾驭全局的公关能力，他们就不可能做到在复杂的商业环境下为企业的生存和发展保驾护航。

但对"宏观"的深入观察并不意味着我会忽视对"微观"的洞察，我的写作会微观到诸如"一篇新闻稿应该怎样写""一篇危机声明应该怎样写"等很多细节的东西，从公关细节的层面来告知企业应该如何提升整体的公关效率。你会发现书中很多内容都是比较微观的，甚至从一定意义上来讲，我写的五本书都是聚焦于公关这一个微观领域，只不过《金牌公关人》和《无公关，不品牌》着眼于公关实操，而《商业向心力：重新定义现代商业竞争》、《末端爆发：商业向心力竞争的深层逻辑》则着眼于公关赋能，前者是公关战术，后者是公关战略，几本书沿着一个循序渐进的脉络从微观到宏观、从局部到系统展现了公关赋能商业的博大精深。

大道至简，大事于细。当我海阔天空地思索现实商业运行正在发生的种种变化，以及这些变化对商业体的未来发展可能带来的影响时，那感觉就像我们的祖先幕天席地在黑夜中洞察宇宙天体变化一样。宏大的观察可以帮助我准确地洞察规律，但这不足以让我发现事物的本质，所以对商业细微变化的明察秋毫同样不可或缺，它可以帮助我对发现的规律进行验证。这样的商业洞察，就和很多人喜爱的摄影有异曲同工之处，有时候需要广角镜头拍全景，有时候则需要长焦镜头看局部。

是时候用长焦和广角镜头重新认识由商业基础设施 2.0 构建的现实商业世界了。我们过去所理解的"效率"正在发生革命性的改变，过去影响效率的变量是"金融杠杆"，是"新的机器"，是"更先进的工艺"，但新的效率变量可能是"新的排列组合"，是"商业系统内部的循环反馈"，是"从根本上消灭时间变量"……此刻，是抱残守缺一个利用机器效率的旧的商业世界，还是与时俱进地拥抱一个践行生物效率的新的商业世界，我们必须做出抉择了。

　　新兴商业的"效率之战"究竟意味着什么？轻资产时代为何会带来末端经济的崛起？本篇新兴商业的效率新变量，与上篇中的"轻资产"一样，都意味着一个智慧商业的新秩序已经到来，轻资产的普及推动着效率新变量发挥作用，而效率新变量也在加速新兴商业的轻资产化进程。在中篇中，我将通过存量、正反、用户、减法、信用、时间六个关键词来解读通往智慧商业的效率新变量。

第9章　存量：过剩时代的效率转变

中国经济正由高速增长转向高质量发展。经济增长方式的转变背后是效率逻辑的转变，高质量发展这一经济转变意味着"向增量要效益不如向存量要效率"时代的来临，中国的经济发展正在逐步进入一个"存量时代"，存量取代增量成为决定商业效率的一个新的变量。

以挖矿为例，过去提升挖矿效率的方式就是增加挖掘机设备的数量，但矿场里的挖掘机数量饱和以后怎么办呢？一味地增加挖掘机数量只会带来产能的过剩，而不会带来效率提升。此时最好的办法就是提升单台挖掘机的工作效率，淘汰落后产能提升存量的效率。比如，研制更高技术的挖掘设备，促进挖掘机更新换代，开发人工智能辅助驾驶的挖掘机来提升效率，或通过大数据计算优化挖掘机和运输车的作业协同，抑或通过云计算的精准匹配把过剩的挖掘机产能向其他矿场出租，这些都是存量时代的效率选择。

多，在增量时代是好事，但在存量时代却变成了一种痛苦。比如，拥有过多数量的汽车并不会带来交通效率的提升，反而会带来城市拥堵；拥有过多的银行网点也不会带来金融效率的提升，反而会带来资金的空转；拥有过多的房子也不会带来居住体验的改善，只会带来更多的资产闲置；拥有过多的物质财富也不会带来幸福感的提升，反而徒增资产维护的痛苦……所以，通往智慧商业的第一个效率新变量就是"存量"，在各种资产纷纷过剩的当下，人们迫切需要向存量要效率。

概括来说，在高速增长阶段，人们向增量要效率；而在高质量发展阶段，人们需要向存量要效率。两者的本质区别在哪里呢？增量的效率来自工业化，也就是大规模机械化生产带来效率；而存量的效率源自智能化，也就是智慧化的资源配置和智能化生产带来效率。

在当前的经济环境下，存量的效率提升主要受益于"末端经济"的崛起。什么是末端经济？类似于通过人工智能、大数据、云计算等组成的、可以有效连接商业末端的"看不见的脑"来精准调配市场资源，以代替传统的价格调节、供需调节等"看不见的手"来发挥资源配置作用的经济学现象，就是典型的末端经济现象。这在我的《末端爆发：商业向心力竞争的深层逻辑》一书中有详细的阐述，"看不见的脑"可以通过遍布在商业中的神经末梢（也就是商业基础设施2.0）来对各种要素资源进行智慧化的精准调配和智能化的生产，可以最大化地发挥存量要素资源的效率和价值。

赋能存量

传统商业中，人们向存量要效率绝非易事。一辆汽车也好，一台机器也罢，它们的工作效率几乎是恒定在一个区间内固定不变的。一辆汽车不会因为驾车的人技术熟练，运输效率就有质的改变；一台机器也不会因为操作它的工人技术熟练，工作效率就会有质的提升。

但在轻资产驾驭重资产的新兴商业中，通过对个体进行智慧化"赋能"来提升存量效率却十分常见。比如，用自动驾驶技术赋能汽车，用云计算的网约车服务赋能出租车，用外卖订餐系统赋能餐馆，用菜鸟物流系统赋能超市卖场，用工业4.0的系统赋能制造工厂……借由互联网智慧商业设施的"赋能"，汽车、出租车、餐馆、超市卖场和制造工厂等可以实现更高的个体效率，人们不必增加更多汽车、出租车、餐馆、超市和制造工厂等，仅靠存量的效率提升，就可以实现更高的效益。

赋能存量的本质是智慧化改造存量个体，其结果是打造一个又一个被系统连接的"超级个体"。这些超级个体的一个共同特征就是——非孤立，即它们都通过"连接"和"数据"被接入商业基础设施2.0，同时作为智慧商业的一个"末端"在系统的指导下进行工作，而不再是像过去一样独立发挥作用。

譬如，传统的渔业作业中，渔船都是各自为政、独立行动的，渔船不是被任何系统支配的所谓"末端"。但被大数据赋能以后，渔船不仅成为一个被赋能的"超级个体"，更成为一个接受支配的"商业末端"，此时渔船将在大数据指导下进行捕鱼作业，轻松收获更多的渔获。数据显示，大数据对鱼群预测的准确率高达80%，远高于渔民的个人经验，智慧化赋能后渔民的捕鱼效率得到了成倍的提升。

汽车、出租车、餐馆、超市、渔船等被智慧化赋能后，成为智慧商业的一个个可支配"末端"。这些只是当前中国经济存量赋能的"冰山一角"，随着中国的供给侧改革持续推进，接受智慧化赋能的行业和领域已经越来越多。现如今很多港口都已经被智慧化赋能，青岛港、日照港、舟山港、大连港等全国诸多港口都在落地智慧港口建设，智慧港口带来了支付、仓储、物流和通关等效率的显著提升。

在经济的高质量发展阶段，以"赋能存量"的方式向存量要效率，将存量个体打造成一个个可以支配的超级个体和商业末端，从而促进以生物效率为特征的"末端经济"的发展和崛起，可以说是轻资产时代的一次华丽的商业效率转变。

盘活存量

当然，并不是所有的存量个体都能被智慧化赋能。

绝大多数具有生产性质的存量资产，都可以通过智慧化赋能来提升效率，比如工厂、机器，但固定的、静态的资产一般都无法被智慧化赋能，比如作为固定资产的房子就不行，静态的纸币也不行。这就涉及提升存量效率的第二个办法——盘活存量，让存量个体流通起来也可提升存量效率。

盘活存量主要是减少存量个体闲置的时间，像新兴商业中的共享办公空间、共享民宿等，都是很好的以盘活存量来提高效率的方法。让这些闲置的资源在市场中流通起来，从过去的只连接一个人为一个人创造价值（或连接几个人为几个人创造价值），到连接N个人为N个人创造价值，可以大大减少存量资产闲置的概率和时间。

在中国，房地产的闲置率非常高，居于世界前列，房子的存量效率还远没有被激发出来，甚至可以说，中国的房地产行业是发展水平较低的。潘石屹对盘活房地产存量的看法就非常具有前瞻性，他说："互联网是反房地产的，未来SOHO中国的目标是要把重资产模式变成轻资产平台，变成一个可以和大家分享资源的平台，让SOHO中国和房地产同行们建的每一平方米房子、每一个车位都被充分地利用起来。"

银行释放了大量的流动性给房地产行业，房产商建了够30多亿人住的房子，但这些房子却没有被用来居住，城市里的房子被大量空置，与此同时，实体经济却面临着非常严重的资金饥渴。如果中国经济转向高质量发展，这样的局面必须改变，必须盘活存量的房子而不是建更多的房子，推动房地产从"增量时代"转向"存量时代"。而向存量要效率，就需要让存量的房产充分地流动起来，应该解除限购限售，同时搞活房地产租赁市场。

虚拟化存量

很多人都说现在是创业的黄金时期，科技预言家凯文·凯利也持这样的观点，他认为人类可能再也找不到一个时期比现在更适合创业了。但奇怪的是，有越来越多的创业者最后都成了"过剩产能"，成了被淘汰的对象，他们都创业失败了。

他们创业失败的原因是什么呢？很简单，他们的商业思维还停留在增量竞争的阶段，没有向存量竞争阶段进化，所以他们创业失败太正常不过了。怎么理解这句话呢？打个比方，很多创业者所谓的创业，就是看有家咖啡店生意不错，然后自己也找个地方如法炮制开一家咖啡店，或者看别人的足浴城不错，也东施效颦开一家，又或者看朋友承包了一个快递配送站很赚钱，也凑热闹承包一个……这些都是增量竞争，也就是在制造增量，而当市场竞争已经饱和、产能已经过剩的时候，增量竞争是不创造效率的，只会创造过剩，所以增量竞争式的创业失败是必然的。

想要创业成功，创业者应该怎么做呢？首先就是要放弃增量竞争的想法，主动进行存量竞争，可以通过智慧化赋能或者盘活存量的办法，提升存量个体的效率。比如别人的配送站一天累死累活只能配送500单，你通过智慧化赋能可以在一天时间内配送1000单，单个包裹的配送时间更短，用户体验更好，那么你的创业成功率就会更高，甚至可以淘汰掉其他人的快递站点。

而且，存量竞争一定是属于"末端经济"的，商业体必须成为被互联网智慧商业系统赋能的末端，而不是像传统商业体一样一味地自己蛮干。这已经是一个不可逆转的商业趋势，因为只有这样存量个体才能发挥效率优势，击败或替代市场中的其他竞争者。同样是出海捕鱼，你成为被大数据赋能的"末端"，会比传统捕鱼更有效率；同样是港口，成为被智慧港口系统赋能的"末端"，会比传统的港口更有效率；同样是超市，成为被云物流系统赋能的"末端"，才能有更多的销售额。

末端经济的效率，是"个体效率"和"系统效率"的有机结合体，是通过商业基础设施2.0构成的"商业神经网络"的支配，它既可以发挥个体效率，也能够发挥系统效率。总体上，末端经济的效率是一种被均衡了的、被最大化了的效率，它消灭了传统经济与生俱来的不能兼顾系统效率和个体效率的严重缺陷，已经接近了人类和其他动物等智慧生命的"生物效率"。

言归正传，我们继续讨论"如何提升存量效率"的话题。除了智慧化赋能和盘活存量以外，提升存量效率的第三个办法就是消灭存量，即通过将存量个体虚拟化的方式来提升效率。譬如，如果我们认为纸币流通的效率低，那么可以消灭实体的纸币，用虚拟的数字货币来替代纸币，这样货币的流通效率就提高了；再比如，如果我们发现实体银行的效率太低了，那么就可以消灭实体的银行，用虚拟的"互联网银行"来替代它；又或者我们发现火车站售票点的效率太低了，排队购票费时费力，那么可以消灭实体售票点，用网络售票的方式替代它，人们通过网络购票方便快捷又省时省力。

现实生活中，很多过去纯实体的商业业态都已经被互联网虚拟化了，比如服装店、3C商城、书店、电信营业厅、报刊亭、电影票售票厅，同时还有很多存量业态正在被虚拟化，比如高速收费站、停车场收费处、商超收银台，这些都是存量竞争的第三种方式——虚拟化存量。"虚拟化存量"也是末端经济的一种，是把自身改造成为智慧商业的一个可支配、可赋能的"末端"，而且它也是最为彻底的一种智慧化商业改造。

从现在开始，创业成功只有一条"黄金法则"，那就是符合末端经济的法则——增量竞争必死，存量竞争必胜，每一个有竞争力的商业体都必然是智慧商业一个强有力的"末端"。世界经济尤其是中国经济已经处在一个从"增量"到"存量"的拐点，如何更好地利用存量，提升存量效率，是摆在企业家、创业者眼前并时刻考验他们智慧的重要课题，这里面会诞生出无穷的商业机会，也会埋葬无数增量竞争者的骸骨。

第 10 章　正反：反向交易与逆向商业化

机器和生物体的一个很明显区别，就是生物体的反应是双向的，但机器的反应是单向的。当人的手伸到开水里，手就会感觉到痛，痛觉通过神经网络传输到大脑，人会在大脑的支配下立刻做出缩手的反应。但机器手臂就做不到，机器的反应是单向的，它没有触觉，它可以做出把机器臂伸到水里的动作，但被水烫到却不会缩回来。

上文中说，新兴商业是一种"效率之战"，传统商业的效率是机器效率，新兴商业的效率是生物效率，生物效率比机器效率要更为高效。其实，生物效率的实现就在于智慧化的商业基础设施2.0组成的"神经网络"，它改变了传统商业单向运行的缺陷，实现了商业的双向运行，这也就引出了智慧商业的第二个效率新变量——"正反"。

以运动鞋的生产销售为例，传统商业的完整链条是这样的：（1）企业进行运动鞋款式的研发、设计、生产；（2）代理商分销和零售店零售；（3）消费者购买运动鞋。这是一个标准的、完整的传统商业链，它是单向运行的，商业效率的高低更多取决于产业链的前端，也就是研发、设计、生产和销售环节。

新兴商业的完整链条则是这样的：（1）企业进行运动鞋款式的研发、设计、生产→新零售或电商进行销售→消费者购买运动鞋；（2）消费者反馈运动鞋需求及体验；（3）新零售或电商收集使用及需求的数据；（4）企业根据用户需求及体验数据进行款式研发、设计、生产。这是一个标准的、完整的新兴商业链，商业效率的高低更多取决于末端，也就是消费者、新零售及电商的数据反馈环节。

传统商业也并非完全没有反馈的那条商业链，只是它们的反馈太慢了，企业很难及时做出反应，但有反馈和没有反馈的结果是完全不一样的，反馈快和反馈慢的结果也完全不同。我们先看下面一则小笑话：

一群动物在航海时遇上食物短缺，大家决定通过讲笑话决定谁能生存，谁讲的笑话不能把所有动物逗笑，就要被丢到海里去。牛先讲了一个笑话，大家都笑了，唯独猪没笑，于是牛被丢到海里淹死了。接着羊讲了一个笑话，其他动物都没有笑，唯独猪忽然疯狂地笑个不停。大家都很纳闷，问猪为什么笑，猪回答说：刚才牛讲的笑话太好笑了！

这虽然只是一个笑话，但却反映出非常严重的效率问题：猪的反射弧太长了，而反射弧一旦太长就影响了游戏规则，让牛白白地含冤死掉了。

商业也是如此，反射弧太长或者干脆没有反馈，势必会影响商业的运行效率。当企业生产的鞋在代理商那里已经库存成山、积压严重了，企业还不知道具体发生了什么，因为得不到来自消费者的即时反馈，也就是来自市场末端的即时反馈，毫不知情的工厂还在开足马力生产，这就很容易影响企业做出准确的商业决策。

确切地说，新兴商业都是正反双向互动的，它需要商业末端的主动参与或者需要商业末端实时反馈数据，甚至没有末端的实时反馈就不会有新兴智慧商业，"双向"已经是影响智慧商业效率的一个重要"变量"。没有末端用户实时提供的需求数据，饿了么就不知道如何给用户送餐，送到哪里、送给谁；没有末端用户实时提供的需求数据，滴滴也不知道如何向用户提供网约车服务；没有末端用户实时提供的需求数据，菜鸟物流也不知道把商品送给谁、送到什么地方……但传统商业完全没有这个问题，沃尔玛超市里的商品就摆在货架上，不需要实时知道消费者需要什么、在哪里、怎么过来买等数据，万达商城里的商品就摆在店铺里，也不需要实时知道消费者需要什么、在哪里、怎么过来买等数据。

反向交易

传统商业的交易主动权在前端，也就是企业的研发、设计、生产和销售等环节是主动的一方，其商业逻辑是"我提供某某产品和服务，物美价廉，快来买啊！"

但新兴商业的交易主动权则在末端，用户的需求、体验和消费等环节变成了主动的一方，其商业逻辑是"我需要某某产品和服务，很是着急，快来卖给我啊"。

关于这一点，可以对比看看盒马鲜生与传统生鲜超市的案例。传统的生鲜超市就是一个超大的货仓，里面摆满了消费者需要的时鲜食材，等着消费者过来购买，有时候还在超市外面循环播放着广播："时鲜蔬菜物美价廉，最低5毛一斤，售完即止，欢迎前来抢购……"生鲜超市是主动发起交易的一方，它已经提供生鲜商品在那里了，就等着有需求的消费者上门达成交易；但盒马鲜生就不同了，它已经不单纯是一个等待买家光临的大货仓了，用户坐在家里就可以远程告诉盒马鲜生："我急需2斤螃蟹、1斤莴笋、3斤牛肉、1袋盐、1桶花生油……我家在河西省山南市幸福艺居小区1栋805，赶快在30分钟内送过来啊！"当盒马鲜生看到用户主动发起这单交易，就会立刻将用户需要的食材和商品打包，然后委托给物流合作商，在30分钟内送到用户手中。

如果我们把传统商家主动发起交易的方式称之为"正向交易"，那么，现在类似盒马鲜生这样的用户主动发起交易的方式就应该称之为"反向交易"。新兴商业都是正反双向的，因为只有双向才能快速响应需求，才能显著提升商业运行效率。

过去的商业交易方式是，企业说"我有货，提供×××产品，快来买"；而现在是，用户说"我需要×××产品，我有钱，快来卖"。这看似只是交易过程中一种很不起眼的微弱调整，但带来的却是企业生存方式、竞争方式的彻底转变，它导致很多曾经辉煌一时的企业正在走向灭亡，而一些呱呱坠地的新兴商业体却爆发出星火燎原之势。

传统银行和互联网银行是更典型的例子。"消费金融"业务是典型的用户端主导的交易，用户向银行提出消费金融的需求，然后由互联网银行实时匹配消费贷款。但传统银行的商业逻辑还停留在"我有钱，可以贷款，快来找我"的阶段，互联网银行的逻辑则是"我在1秒钟前收到了你的需求，钱已经打到了你下订单的商家的账户上"，竞争能力已经完全不可同日而语。所以传统银行输掉了诸如消费金融、小额贷款等很多新金融领域的商业竞争，但银行并不知道造成这样结果的原因是它们不能进行"反向交易"。

逆转的天平

以前绝大多数做企业的人都喜欢把资金、技术、人力等要素资源投入商业链"前端"，也就是投入研发端、生产端和销售端，我们把这些叫作"供给侧"。然而，很少有企业把要素资源投入到商业链的"末端"，也就是需求端、体验端和消费端，我们把这些叫作"需求侧"。比如，传统企业会觉得用户现在想要什么跟企业没什么关系，自己只是提供服务供消费者选择而已。传统出租车公司不会投入资金去实时了解乘客在哪，乘客想去哪，走哪条路可能会堵车，哪位乘客可能跟这位乘客顺路，哪辆出租车距离乘客最近，这些需求侧的内容传统出租车公司统统不在意，也不会投入资金去优化自己的服务。

人们经常看到的情况是，企业往往敢于融资几十亿、上百亿元投资建设工厂，或者花几亿元搞研发，又或者花几十亿元重金在中央电视台上打广告，但却很少看到企业敢于投入几十亿、上百亿元，去实时地了解消费者的需求是什么、体验怎么样和希望在哪里怎么消费。从商业对供给侧和需求侧的不同重视程度来看，传统商业的天平是严重倾斜的，企业将资金、人才、技术等商业要素都投入了供给侧，导致市场产生了很多无效、过剩的供给；但新兴商业则想把这种不健康的商业状态逆转过来，把相当一部分资金投入需求侧，以需求侧的数据来决定供给，这有效提高了需求和供给无缝对接的效率。

所以，新兴的智慧商业中，企业既需要投入资金正向地推动供给，也需要反其道而行之，投入资金了解实时需求。商业的天平正在被纠正，在智慧商业的未来，不了解用户的企业，不掌握需求侧实时数据的企业，在竞争中必然会很吃亏。以前由供给侧企业主导商业竞争的情况会在智慧商业时代发生逆转，聚焦需求侧的公司中将会诞生出一大批中国500强、世界500强的公司，比如聚焦需求侧的阿里巴巴、京东、美团、滴滴、饿了么、腾讯等，未来都有很大机会反超传统的聚焦供给侧的中车、海尔、格力、美的等制造业企业。

供给侧的烦恼

中国正在大力度地推进供给侧改革，将低水平的、过剩的产能淘汰掉，实现制造业和服务业的转型升级。但很多人对供给侧改革的理解是值得商榷的，他们误以为制造业和服务业转型升级就是走"高端化"这条路，这导致很多企业一味地追求高品质、高价格、高技术、高附加。

在走高端化的道路之前，我们是不是应该想清楚一个问题：走"高端化"路线就不会产生过剩产能了吗？

一个很残酷的商业现实是，高端产品也会过剩。数据表明，苹果手机在中国也没那么畅销了，并且在世界很多国家的销售都已不及预期，相比于iPhone 4的炙手可热，iPhone 8手机濒临产能过剩的状态。如果有性能足够媲美苹果手机的替代品，中国消费者就不会盲目地为"高端化"的苹果手机买单。

苹果手机的产能过剩，给我们一味强调"高端化"的企业以怎样的启示呢？供给侧改革或者说产业升级真的就意味着要"高端化"，真的意味着消费者要承担更高的商品溢价吗？

传统商业是正向的，由处在产业链前端的供给侧企业主导，这些企业的经营动力就是提高商品溢价，赚取更多的利润。但新兴商业还是反向的，由处在产业链末端的需求侧企业主导，这些企业的经营动力是提高商业效率，以更好地对接用户需求，从而获得更多的用户和需求侧的数据。绝大多数的理性用户永远都会在更低的价格和更好的体验之间做平衡，他们与生俱来地讨厌商品有过高的溢价，这也是以低价著称的社交电商拼多多能够迅速崛起的原因。

从理论上来讲也是如此，商业的效率越高，商品的成本就应该越低，商品的价格就应该越亲民。比如，20世纪90年代，中国的电脑产业刚刚起步，生产效率很低，所以当时的电脑价格非常昂贵，只有少数的城市家庭能够负担得起。但现在电脑产业的生产效率显著提高了，绝大多数的城市家庭都已经能够买得起电脑。类似的还有冰箱、电视、自行车、小汽车等，当商业效率越来越高，这些生活必需品的价格就越来越亲民。

所谓的供给侧改革，关键还是在于如何提升商业效率（主要是提升用户需求和有效供给之间的对接效率），而不是一味地提升商品档次和品牌溢价。怕就怕企业一味地追求高大上，而老百姓需要的却是经济实用，这样的供给侧改革只会造成新的供需错配和高端产能的过剩。目前，国内一些互联网汽车、新能源汽车等领域的大跃进式发展，就已经出现了高端产能过剩的征兆。总之，商业的进步要将重点放在效率提升上，而不是高端化上。小米的手机很亲民，拼多多的商品很低价，淘宝的商品很便宜，富士康的代工厂只赚苹果很小部分的利润……它们之所以低价也能生存得很好，就是因为它们有很高的商业效率。其实，商业的规律就是如此——效率越高的地方，价格也往往越低。

低价始终是商业社会孜孜以求的最高境界，只要不是以次充好的低价，而是源自效率的低价，就应该成为企业追求的目标。从这一点上来说，供给侧改革的核心问题并不只是要改革供给侧，更重要的是企业要在对接用户需求上做文章，只有了解了用户的实时需求，企业才能有的放矢地提供有效供给，才能实现供需的无缝对接和智慧化匹配。而一味地走"高端化"路线，妄图通过改善供给来满足企业想象中的需求，那依然是在商业天平已经倾斜的一侧（供给侧）做文章，造成新的高端（或者说高溢价）产能的过剩。

逆向商业化

与传统商业在"供给侧"蓬勃发展不同，新兴商业大都在"需求侧"爆发，滴滴、盒马鲜生、饿了么、小猪短租等一大批新兴的互联网企业，都是利用用户需求数据带来的"反向交易"机会获得成功的商业案例。而且，绝大多数的新兴商业都采用了一种"逆向商业化"的过程，这种商业化过程也可以简单理解为"从用户到工厂"（过去是"从工厂到用户"）。

当商业以供给侧为根据地，从供给侧向需求侧正向扩张的时候，供给侧的企业会向下正向整合品牌商、渠道商、零售商等商业要素资源，比如中粮集团、伊利集团、格力集团、一汽集团等做大做强，都是采用了供给侧扩张的方式。而当商业以需求侧为根据地，从需求侧向供给侧反向发展扩张的时候，需求侧的企业则会向上逆向整合工厂、研发、设计和销售等商业要素资源，比如阿里巴巴、新美大、滴滴、饿了么等企业的"跑马圈地"，都是采用了需求侧扩张的方式。

也就是说，企业的发展是采用"供给思维"还是"需求思维"，对企业的扩张路径的影响是完全不同的。举一个简单的例子，需求侧起家的滴滴可能会在未来收购或战略入股上游的整车工厂、4S店和品牌商，也就是向上整合汽车产业链；同理阿里巴巴也可能会在未来收购企业的生产工厂，销售卖场和产品研发、品牌运营企业，也就是向上整合制造产业链。这种自下而上的商业扩张是一种典型的"商业反噬"行为，也就是"逆向商业化"行为。

新兴商业从"正向"到"正反双向"，从"供给决定需求"到"供给决定需求与需求决定供给的双向循环反馈"，创造了未来智慧商业发展的又一个效率新变量——正反。传统的供给侧企业的反射弧太长了，商业响应的效率太慢了。比如，传统银行作为资金供给方，完全不清楚消费信贷的需求在哪里，也不能对消费信贷需求做出即时的信贷响应，而阿里小额贷款、京东白条等网络贷款平台则掌握着用户消费信贷的一手需求数据，并可以实时对用户反馈的信贷需求进行信用评估和资金匹配。正是信贷供给和需求在正反两个方向的循环反馈，让阿里巴巴、京东等互联网金融平台在消费信贷市场中完胜传统银行。

第11章　用户：用户的崛起与消费者的消失

在波兰天文学家哥白尼提出"日心说"之前，中世纪的欧洲人民普遍认为地球就是宇宙的中心，也就是信奉俗称的"地心说"——当时的人们迷信地认为所有的天体（包括太阳在内）都是围绕着地球旋转的。现在人们可以科学地理解天体运行规律，知道月亮绕着地球转，地球绕着太阳转，宇宙中的天体总是绕着质量更高的天体旋转（准确地说是绕着它们共同的"质心"旋转），这样的科学认知早已经深入人心。

历史的进步总会刷新人们的认知，商业亦如是，人们不能用一成不变的思维看待未来的智慧商业。那么，对比现在和未来，商业又是以什么为中心运行的呢？人们对商业的认知是否也会经历类似

"地心说"一样的命运呢？

其实，当前的商业进阶正经历着与"地心说"和"日心说"相类似的命运。传统商业是以"消费者"为中心的，而新兴智慧商业则是以"用户"为中心的，它们围绕着两个完全不同的商业主体在运行。现在有很多人习惯性地将用户和消费者的概念混淆，或者误以为用户就等同于消费者，其实用户和消费者是两个完全不同的商业概念。如果把用户和消费者也比喻为天体的话，那么消费者可以是"月亮"，而用户就是"太阳"，从我们地球的视角去观察，会看到截然不同的两种商业运行轨迹。

传统商业都是围绕着"消费者"产生的，一切的商业行为也都是以消费者的消费为中心展开的。从企业研发产品，到制造商生产产品，再到销售商售卖产品，最终的目标都只是希望消费者用自己手中的货币选票来购买产品进行消费，当然企业还希望这种消费能够有一定的黏性，或者说品牌忠诚度。正因为传统商业围绕着"消费者"产生，所以传统商业的核心始终是消费，是买卖。

但新兴商业则是围绕着"用户"运行的，商业运行的目的是持续为用户提供商业便利和价值。从企业建立商业基础设施与用户建立有效连接，到每一个商业体通过互联网连接为用户提供吃穿住行用等的生活服务，其目标就是希望与用户建立起高频的商业联系和实时反馈的商业机制。商业体希望可以从用户手中持续获取一手的商业需求数据，从而完成对市场供需进行的无缝对接，而不仅仅是卖出产品或服务。正因为新兴商业围绕着用户来运行，所以新兴商业的核心是使用，具体表现不再是"买卖"，而是"收付费"。

现实商业亟需一位像哥白尼一样的伟大人物站出来宣谕真理——"商业不是以消费者为中心的，而是以用户为中心的。"从谷歌、微软、特斯拉、阿里巴巴、京东、小米到腾讯，几乎没有一家互联网企业希望人们只是成为它们的"消费者"，而都希望人们能够成为与企业建立起有效连接的"用户"。比如，特斯拉就绝对不只是一家售卖电动车的公司，它与包括奥迪、宝马、通用、丰田等在内的几乎所有传统汽车厂商都迥然不同，它是一家为特斯拉的用户提供电动车及自动驾驶等出行服务的公司。

而类似于特斯拉这样的情况正在我们生活的诸多领域中发生，人们纷纷放下了"消费者"的角色，进入了"用户"的角色当中。在10年之前，假如你去一家电影院购买电影票，影院只是希望把票卖给你，增加票房收入而已，你只是影院的一个消费者；但如今的"猫眼电影"则完全不同，它希望能够与你建立起高频的商业连接，它希望每次你想看电影的时候，都能想到它的口碑推荐，想到可以在它上面购买电影票，想到它的在线选座功能，总之，它希望你使用它而非消费它，希望你是用户而非消费者。

仅从基本的内涵来讲，用户和消费者是两个完全不同的商业概念，消费者意味着"购买即结束"，用户则意味着"付费即开始"。而最为关键性的区别还在于，两者对于整体商业效率的影响是截然不同的，用户之于总体商业效率提升的贡献，要数倍甚至数十倍于消费者之于总体商业效率提升的贡献。用户沿着互联网连接向上反馈的供需数据信息不仅为企业提供了重要的市场决策依据，更成为商业体向广袤的智慧商业世界进行精确探查的一个个敏锐的神经突触。未来，没有用户的企业就如同患了眼盲症一样，看市场是盲人摸象，搞竞争是如临深渊，而有用户的企业则变得火眼金睛，不仅对市场的现状和趋势了如指掌，更对赢得竞争胸有成竹。本章内容要讲述的，正是继"存量"和"正反"之后的第三个影响智慧商业效率的新变量——用户。

从 0 到 1

首先要弄清楚一点，用户的本质是双向的、即时的"商业连接"。当你成为天猫或京东的一位用户，你就可以实时地、双向地与电商商家建立起"连接"；而消费者的本质则是发生"交易关系"，当你成为沃尔玛或万达商城里的消费者，你只是发生了一笔或几笔商品的买卖交易。

对于整体的商业生态而言，消费者对商业效率的贡献是几乎可以忽略不计的，但用户对商业效率的影响却非同小可。商业的中心从"消费者"转向"用户"的背后，其实是两者的商业效率"从0到1"的一次突变。

这里以盒马鲜生的"用户"和沃尔玛的"消费者"为例，来具体说明为什么消费者对商业效率的贡献是"0"，而用户对商业效率的贡献是"1"。

由于没有建立起"连接"，消费者只能选择到沃尔玛的门店进行购物，并在收银台排长队付款，这要花费他们很多的时间成本。消费者也不能对在沃尔玛买到的商品进行评价，更不能看到销量最好的护手霜是哪一个，以及其他消费者对该护手霜的使用体验如何，这些很可能会让一些劣质或不符合人们需要的商品长期占据货架，让大量消费者重复买到质量低劣或自己不想要的商品。也就是说，当消费者想改善沃尔玛的商业效率时，却苦于没有有效的途径进行即时的商业反馈，也看不到别人的反馈。总不能每一位消费者都跑到沃尔玛门店的经理办公室抱怨或询问商品都有什么问题吧？

盒马鲜生的"用户"就不存在沃尔玛的"消费者"所面临的问题。因为用户与盒马鲜生门店建立起了双向的、实时的"连接"，用户可以网上下单，让物流配送商品上门，这样他们就可以节约很多的时间成本。同时用户也可以根据销售数据、商品评价等信息自主选择购买哪一款商品，盒马鲜生会根据用户的购物及商品评价信息等做出及时更新生鲜商品的决策。

我们会发现，用户是影响盒马鲜生整体商业效率非常重要的一环，如果没有用户的参与，没有了用户即时提供的商业数据和双方建立的双向连接，盒马鲜生的物流系统、支付系统、供货系统等就会因为没有连接的对象而陷入彻底的崩溃。其原因在于，盒马鲜生的效率就来自于对用户和用户提供的数据与自身数据进行的供需对接管理，一旦没有了用户一方的数据信息，盒马鲜生和马云所谓的"新零售"就会成为虚无缥缈的空中楼阁。但反观沃尔玛，消费者其实并不影响沃尔玛门店的效率，因为沃尔玛的商业效率主要来自于它对自身商品体系和员工的管理，而不是对消费者的管理。

可见，用户是影响盒马鲜生等新兴商业体运行效率的一个新的变量。没有用户的参与，这些新商业体的商业过程就无法完成；没有用户的参与，盒马鲜生的商业闭环就无法实现。用户既是保障盒马鲜生商业运行的关键纽带，也是决定盒马鲜生商业效率的数据核心。总之，一旦没有了用户，也就没有了盒马鲜生这样新兴商业的效率，这就是在未来已来的新兴智慧商业世界，我们必然要面对的一个效率问题。

未来我们谁都不可能"独善其身"，每一个人都会以"用户"的身份被连接到整体的智慧商业生态中去，发挥"效率纽带"的作用。过去企业没有用户还可以生存，消费者就足够让企业赚得盆满钵满了，但5～10年之后，企业若再没有一批决定商业运行效率的"用户"，就会很快成为被孤立、被淘汰的商业物种。人类文明发展的规律就是如此，"高效"总会取代"低效"，开放的"连接"总会取代封闭的"死结"，这是一股不可抵挡的历史趋势，就像工厂取代了作坊，汽车取代了马车，高铁取代了绿皮车，轮船取代了帆船，新零售取代传统零售，用户取代消费者，全球化取代闭关锁国一样……这一切的背后都是社会向更高效率进阶的发展规律在起着决定性的作用，这种规律也是人类文明的集体意志决定的，不会以任何人、任何商业体的意志为转移。

超级用户

什么是用户？我们通常会认为，在互联网平台上注册了账号，使用账号身份登录并使用产品或服务的人就是用户。比如，当你注册了一个微信账号，那么你就是微信的用户；你注册了支付宝账号，就是支付宝的用户。

这是传统上我们对"用户"的定义，很多人也比较能接受这种定义。

但从智慧商业的角度来讲，我更倾向的一种定义是通往智慧商业的用户——"超级用户"和"智能用户"，他们是通过智能终端接入商业基础设施2.0的人（主动接入），或者可以被商业基础设施2.0的服务轻松覆盖的人（被动接入）。

在《末端爆发：商业向心力竞争的深层逻辑》这本书中，我提出未来的智慧商业将由"商业体、合伙人和用户"构成，他们会取代现在的"公司、员工和消费者"，每一位用户都将作为智慧商业的一个末端接入商业体，成为整体智慧商业不可分割的一部分。很显然，这里的用户并不单纯等同于某一个互联网账户的使用者，而应该是支撑"末端经济"有效运行的一个基本单元，甚至是构成智慧化商业基础设施的一部分（一个神经末梢）。

而与用户这一概念相对应的是"超级用户"，指的是用户的一个集合体，它集多重的用户身份于一身。比如当一个人同时是天猫、菜鸟、支付宝、微信、微博、京东、脉脉、滴滴、摩拜、高德地图等多个商业体或商业基础设施2.0的用户时，他就可以被称为智慧商业时代的"超级用户"。

"超级用户"对整体商业效率的贡献要远大于普通用户，因为他本身就已经打通了智慧商业的多个环节，可以经由多个商业基础设施2.0（或多个商业体）的商业协同作用，带来商业效率的交叉提升。比如当一个人将微信的用户身份、丰巢的用户身份和电商的用户身份打通以后，就可以通过微信方便地买卖商品和收寄快递，围绕着他个人产生的商业效率将受益于微信、丰巢和电商三大商业基础设施2.0的协同作用和叠加作用，整体的商业效率会显著提升。

自2010年以来，智能手机及各种移动端App应用的普及，让越来越多的普通用户快速成长为智能商业里的"超级用户"。阿里巴巴、腾讯、新美大等公司打破各自的商业边界，通过战略合作、投资入股、分配接口等方式将各种第三方手机应用打通，将众多的手机应用集合在微信、支付宝、美团点评等一个超级App之内，有效促进了"超级用户"的成长与成熟。以微信为例，仅微信钱包就已经集合了包括金融服务、生活缴费、城市服务、交通出行服务、外卖服务、电商服务和酒店服务等诸多商业基础设施2.0的用户服务。而微信小程序集合的用户服务种类更是数以千计，人们仅使用微信一个手机应用程序就可以成为智慧商业时代的"超级用户"，随时随地接入各种智慧化商业基础设施。

"超级用户"对商业效率的改进是革命性的，现在各种商业活动都可以通过用户的一部智能手机轻松完成。人们买火车票不用排队了，买电影票不用跑去柜台了，打车也不用顶着烈日在马路边拦车了，甚至申请消费贷款都不用跑银行了……在这个快速发展的智慧商业时代，几乎所有最具效率的新兴商业都是因用户而生的，一个商业体有了用户就有了效率，有了用户就成了新物种、独角兽，而"消费者"早已经被抛到九霄云外了。

"逝者如斯夫，不舍昼夜。"商业进步的脚步不停歇，属于"消费者"的商业时代已如滔滔江水滚滚东去，而属于"用户"的商业时代则恰似旭日初升光照寰宇。未来智慧商业中的每一个商业体，不管它处于产业链的哪一个环节（研发设计、生产制造、销售服务），也不管它是大品牌格力、美的，还是大央企中国银行、中国高铁，若是不去经营自己的"用户"，不重视与"用户"建立起即时响应的商业连接，就会成为下一个诺基亚、摩托罗拉，很快被其他的智慧商业体淘汰。

商业闭环

消费者是一个个的商业死结，当传统商业运行到消费者消费的那一刻，就意味着完成使命了，消费者唯一的任务就是完成交易和消费，他们不会为企业的效率提升做任何额外的事情。

而用户则是一个个的商业连接点，新兴商业会以"用户"为中心形成一个完整的闭环，在这个完整的商业闭环中，用户和商业体之间会为了实现更高的商业效率进行良好的互动。比如，滴滴打车的用户就会为滴滴提供自己的位置信息、目的地信息和联系方式等，以便滴滴更好地进行打车出行的供需匹配，并且还会对平台司机的服务进行评价，以改善平台服务，让"良币驱逐劣币"。

上述商业闭环的本质是，在互联网的"连接"和"数据"的双重作用下，商业体的供给和用户的需求之间形成了一种双向对接和循环反馈的联系机制，这种联系机制正是商业效率得以不断优化的保障。譬如，由于有用户的实时数据反馈，美国的网飞（Netflix）公司知道哪些明星参与的网剧更容易走红，今日头条知道用户喜欢什么样的内容推送，拼多多知道什么样的产品更容易成为社交爆款……用户的反馈带来了商业的优化，商业的闭环带来了效率的提升，这是传统商业中的"消费者"做不到的。

用户的另一个好处是，他们还会将商业反馈向自己的社交圈传递，从而帮助商业体进行一次"社交裂变"，也就是我们常说的

"用户带来用户"，这又是一个提升商业效率的完整商业闭环。在用户带来用户之后，新的用户又会带来新的商业反馈，如此循环往复下去，良性的商业反馈就会不断引爆社交链，最终实现商业链爆炸的效果。所以我们看到的诸如滴滴、摩拜、饿了么、盒马鲜生、拼多多等新兴商业体大都是经历了一番"社交裂变"后快速地扩张和崛起，而不是像传统商业一样有一个循序渐进的过程。

权益觉醒

消费者的权益保护，一直都是维护和提升传统商业效率的重要手段，比如消费者的商业知情权、公平选择权、公平交易权、依法求偿权、监督批评权等。正是维护消费者权益的种种努力，才奠定了传统商业"良币驱逐劣币"的市场效率基础。

秩序产生效率，混乱影响效率，这是亘古不变的道理。提升新兴商业的效率，前提也同样是要维持商业的有序运行，而最好的办法就是对"用户权益"进行必要的保护。

以2018年为一个重要的"分水岭"，中国的新兴商业正在经历一次备受关注的"用户权益觉醒"。诸如"大数据杀熟""恶意搭售""用户信息泄露""强制二选一""精准电话营销""峰时溢价"等侵犯用户权益的商业行为被放在了聚光灯下进行审视，央视"3·15晚会"还重点关注了部分生活服务电商的"大数据杀熟"问题，社会各界呼吁立法对屡教不改的互联网企业予以严惩。

当前的用户权益觉醒还仅仅是一个开始，在不久的将来，用户除了要面对"大数据杀熟"这样的商业欺诈行为外，更需要对抗的其实是一些商业体的"数据滥用"和"数据霸权"。比如百度、阿里巴巴、腾讯、新美大、滴滴等掌握用户海量数据的企业，它们的数据使用应该接受用户权益保护组织和政府相关部门的严格监管，要限制它们不得在没有收到用户请求的情况下调用用户数据、推荐个性化的服务或向他们进行精准定制的广告推送。也就是说，商业体可以主动使用"海量数据"，但要严格限制它们主动使用"个性化数据"，因为主动使用"个性化数据"本身就是侵犯用户隐私的行为。比方说，商业体在海量数据中找到了一批刚生了小孩的用户，然后向他们精准推送纸尿布促销广告，这就是合法的、不侵犯隐私的商业行为；但商业体如果调用个性化数据，发现李女士刚刚搜索了"哪家医院可以做好宫颈癌手术"，几分钟后李女士就接到了某家民营医院推销宫颈癌手术的电话，这就是侵犯用户隐私的行为，这种数据滥用就应该被严厉禁止。

无规矩不成方圆。维护商业效率就要保护好用户权益，而保护用户权益就需要给新兴商业立规矩，要严格限制商业体对个性化用户数据的使用。当然，"用户权益"的内涵并不只是杜绝数据滥用，还有很多其他方面的权益保护内容，比如用户"注销账户"的权利、"不被歧视"的权利（一些互联网企业的用户协议有歧视性条款）等，这些都应该进入国家立法的议事日程当中。毕竟现在的消费者权益保护法只规定了消费者权益保护的内容，并没有规定"用户依法享有权益"的条款，而消费者和用户是两个截然不同的法律概念。

第 12 章　减法：从加法生活到减法生活

白岩松说，人在 30 岁之前要疯狂地做加法，30 岁之后则要开始做减法。

人类生活的环境就是一个"加法"的世界。随着时间的推移，人类的信息、物质、社交及人们的娱乐生活等都在不停地做"加法"。就拿娱乐方式来说，过去人们用手机只能玩俄罗斯方块、贪吃蛇等少数几个游戏，但现在智能手机上可供娱乐的游戏数以万计。

在一个加法的世界，人们必然要面对信息过载的挑战。现代社会的信息总量已经是古代社会信息总量的千万倍，社会商品的数量相比几十年前也已不可同日而语，人们每天需要处理的社交信息也越来越多。这导致我们已经生活在了一个信息过载、物质过载、社交过载和娱乐过载的世界，然而人类自身的承载能力却非常有限。当我们面对动辄TB量级的知识信息、数以万计的海量商品及成千上万的社交连接时，必须对这些信息、物质和社交连接等做出筛选，而不是一股脑儿地将它们照单全收，否则人们有限的时间根本就不够用，何况人脑的处理能力也不支持海量信息的处理。

从古至今，人类的各种知识信息一直都在做加法，但古代总体的社会知识量还是十分有限的。尽管中国的历史文化卷帙浩繁，但粗略整理之后一部《四库全书》就可概括其中的精华，总共约8亿字，加上被毁的书，总体的数量与现代社会的知识量相比也非常有限，所以古代大儒们尚可以做到"博览古今""上通天文、下知地理"。但到了今天，知识的宽度、深度及数量都得到了前所未有的扩展，人们想要系统掌握一个领域的知识就已经需要耗费毕生精力了，还有哪位学者能够做到"博览古今"呢？人类社会的信息严重过载，面对浩如烟海的知识信息，每一个人在有生之年都只能掌握其中很小的一部分，甚至人们想在交叉学科方面有所建树都很困难，往往需要多个人的协作才可以完成。但问题是，人类生存的社会并不会因此就降低对每个人的要求，现实生活要求人们必须掌握尽可能多的知识技能，比如生活工作中的计算机、多国语言、汽车驾驶技能，各种生活电器乃至智能终端设备等的使用，同时还要掌握起码的经济学知识及公司管理、市场营销和个人理财等技能。

更为重要的是，相比10年前、20年前，人类创造知识的速度还在加快，人们对世界的认知也在不断刷新，这让我们生活的加法世界还在不断加速，信息总量在短短的几十年时间里就超过了过去数万年人类创造的信息总和。为了适应加速发展的信息社会，人们要学习的知识和技能正变得越来越多，每一个人都仿佛被一头骇人的知识巨兽在后面追赶着，人类拼尽全力学习，也无法逃脱被这只巨兽吞噬的命运。

幸运的是，在一个加法的世界里，已经出现了一股商业力量在帮助人们做"减法"，否则一个各方面都过载的世界迟早会让人喘不过气来。

为什么谷歌等一些不依赖重资产的互联网公司，会成为全球市值数一数二的公司？原因在于，谷歌这样的科技公司正在帮助人类做减法，尤其是在最近几十年里，人类的各种信息得到了快速的积累和爆发，人类已经生活在一个信息严重过载的社会。在这种情况下，人们迫切需要使用一种工具帮助自己对海量的信息做减法，而搜索引擎的快速检索功能刚好可以帮助人们在尽量短的时间内过滤和筛选出人们想要的信息。

每一个人都应该深有体会，在一个各种事物都严重过载的加法社会，搜索引擎的减法功能给人们带来了切实的好处。不仅是谷歌、阿里巴巴、亚马逊、京东也是如此，人们需要它们帮助自己对现实生活中海量的商品进行过滤和筛选，从数以万计的商品中找到他们最想购买的商品，并且及时地送到自己手中，这可以为他们节省大量的时间和精力。

新兴商业的魅力就在于此——它们帮助人类在一个加法的世界做减法，以此来提升人类的工作和生活效率。谷歌通过信息检索功给现实世界的海量信息做减法，帮助人们提高了信息获取的效率；亚马逊通过商品检索功能给现实世界的海量商品做"减法"，帮助人们提高了商品购买的效率。而除了常见的搜索引擎外，新兴商业还通过其他的很多种形式帮助人们做减法，比如畅销书榜单的互联网大数据就是在帮助我们做减法，"新书畅销榜"可以让我们在每年出版的数以十万计的新书中筛选出大多数人觉得最有价值、最值得看的书，进一步说，精准大数据还可以针对每一个人的情况做个性化的减法，精准地筛选和推送对某个人有价值或者他可能感兴趣的书。

我非常确信的是，在一个加法的世界中帮助人们做减法，正是新兴智慧商业的一个重要的效率新变量，很多的新兴商业体都在围绕着这一变量展开竞赛。比如上面提到的图书阅读市场就是一个典型的加法商业世界，存量的书籍早已让人望而却步，而每年新出版的书籍依然不计其数。但这些书哪些是有用的，哪些是无用的，哪些是现在有用的，哪些是将来有用的，人们并不知道。所以就迫切需要类似罗振宇的"得到"等来帮助我们做减法，从海量图书中筛选出当前最实用的书籍，过滤掉我们现在不需要的书，这正是"得到"之于我们最现实的商业价值。

在这一章节，我们就来讨论"新兴智慧商业是如何在加法的世界做减法的"，或者也可以说是"减法为什么会是新兴智慧商业的效率新变量"。

大数据给人类的选择做减法

现实生活中，每个人都认为运气很重要。比如当你出门打车时，马路上刚好开过来一辆空载的出租车；当你找工作时，刚好是你心仪的工作单位给你发了面试邀请；当你主动和一位中意的异性搭讪时，对方也刚好单身，且与你志趣相投……

偶然的好运气，可以归结为一种概率问题，但频繁的好运气背后，一定是冥冥中有一种力量在帮助你在众多可能中做减法，筛选和过滤出你最想要的那种可能性（或选择），并将其及时推送到你面前。我不认为这种力量来自于神或上帝，我更倾向于认为，好运气可能是源自我们身边的一种智慧商业的力量。

好的智慧商业模式，往往可以减少人们碰运气的成分。比如，人们无法指望生病的时候一定会碰巧遇到一位对该病症经验丰富、妙手回春的好医生，人们也不能指望在遭遇经济纠纷时恰好可以找到一位在该领域经验丰富、战绩卓著的律师，因为生活中律师、医生的数量太多了，想要碰运气的话就像是大海捞针。不过现在人们找医生、找律师并不需要碰运气，互联网大数据已经可以帮助人们精准地筛选到对某种疾病的治疗最有把握的医生或对某领域经济纠纷非常有经验的律师。在恰当的时候给人们一个足以改变命运的"好运气"，这就是智慧商业在加法的世界中做"减法"的魅力所在。

从给人们更好的运气的角度来说，现实商业的进步是显而易见的，在很多领域，我们都可以不再像以前一样去碰运气，商业就可以帮助我们做减法，只给我们最想要的。你想找什么样的工作，都可以自己到领英、BOSS直聘、猎聘上去自主匹配；你想租什么样的房子，都可以在自如、贝壳找房、58同城上自主匹配；你想在附近拼车、打顺风车，也有滴滴打车快速帮你找到。

所有的这些好运气，我们都需要感谢互联网大数据，感谢基于大数据的云计算，当然还可能包括基于海量数据的人工智能，毕竟我们绝大多数的好运气都要归功于它们为人们生活中的各种选择所做的减法。大数据应用的种种减法，不仅给我们节省了很多的宝贵时间，也为我们提供了在繁杂事务中简单从容生活的可能，否则年轻人在偌大的城市，连搭一辆回家的顺风车都会非常艰难。

由于大数据技术的进步，新兴商业的减法还在进一步升级。在搜索时代，人们是主动寻求商业为自己做减法，输入相应的关键词进行搜索，然后由搜索引擎被动进行筛选，在这个过程中，人是主动的，商业是被动的。但要知道人们并非所有时候都会有意识地做减法，毕竟人的精力有限，很多时候是想不到要做减法的。但商业进入了个性化推荐时代，这个问题就迎刃而解了。商业会通过精准大数据主动帮助人们做减法，会根据人的行为数据提前筛选好他们可能感兴趣或有需要的内容，然后主动进行推送，让人们做无意识的减法，进一步解放人们的时间和精力。

人们从有意识的的减法，到现在无意识的的减法，这背后反映出新兴商业在改变人类生活方面的努力，正是这种努力让人们在信息过载的社会里可以生活得更好，而不是在面对纷繁芜杂的世界时生活得一团糟。当然，除了搜索和个性化推荐这样的方式，商业还有很多其他的方式在给人们的生活做减法。

人工智能给人类的行为做减法

由于职业的原因，我接触过几位速记师，比较了解他们的工作状态。一场动辄两小时的新闻发布会，他们全程都要辛苦地工作，打字的速度要追上演讲者的语速，把每一句话都迅速无误地记录下来，这一方面十分考验他们大脑的短时记忆，另一方面也考验他们双手打字的速度。但这些都还不是最重要的考验，在长达两三小时的时间里，他们都要保持精神的高度集中，这完全不是常人可以做到的。

但现在，速记师正在失去他们的工作，人工智能语言识别技术已经发展得非常成熟，机器不仅完全可以替代速记师的工作，甚至连发布会的现场翻译、记者写稿等工作也可以轻松胜任。如今，当一场新闻发布会或行业论坛结束，腾讯开发的智能写稿机器人Dreamwriter就可以几乎"零时延"地写作和发布新闻稿。

而这还仅仅是人工智能替代人类工作，为人类的行为做减法的"冰山一角"。某研究机构预计，未来将有50%以上的工作会被人工智能取代。其实这种预计过于保守，即便是现在，在诸如工厂制造、汽车驾驶、手术医疗、居家生活、港口码头等很多领域，人工智能已经在为人类的行为做着减法，一些人工智能的成熟产品已经进入大规模普及的阶段。

智能音箱产品的快速普及就颇具代表性。目前，超过1／5的美国成年人使用亚马逊或谷歌等的智能音箱产品，它们被摆放在客厅、厨房或卧室等地方。人们通常会使用智能音箱提问问题、播放音乐、了解天气、控制家电、打电话或者购物，智能音箱已经成为他们生活中离不开的一个得力"助手"。超过六成的美国用户每天都会使用到智能音箱，使用频率非常高。

智能音箱最大的好处就是帮助人们的行为做减法，当你在厨房做饭、在客厅打扫卫生、在卧室躺下休息、在房间里伏案工作而无法腾出手或者来不及自己动手的时候，只需要一句话唤醒智能音箱，就可以吩咐它帮你做很多事，比如开空调、打电话、启动热水器、网上购物或者帮助搜索新闻等。智能音箱解放了人们的双手，让人们可以进行多任务处理，把人们的双手和时间腾出来去做更多有意义的事情。

现代社会，人类每天需要处理的事情越来越多，社会对人们的行为要求也越来越复杂。比如生产的产品越来越精密，工人手工已经处理不了，所以需要给制造工人的行为做减法，人们开发人工智能的工厂，开发可以给人类做"手术"的人工智能机器人。

同时，人类也确实到了用人工智能帮助自己做减法的时候了。因为越来越多的人觉得时间宝贵，不能再把时间浪费在无意义的劳动上，以至于罗振宇感慨说"时间是新的战场"。现代人普遍觉得自己很忙，时间不够用，恨不得像八爪鱼一样可以多任务同时处理，但这显然是不可能的。所以，人们想到了另外一个好办法——尽可能地"偷懒"，减少不必要的行为或时间的支出。比如，能用微信解决的就不愿亲自跑一趟，能够让机器去处理的就不想再用人工，能够用电脑计算的就不想再用脑力。而且你会发现，人们为自己上述的行为做减法，带来了效率的极大提升，这正是智慧商业帮助人类做行为减法的价值所在。

沃尔玛商场里等待人工结算的排长队人群对比新零售商场里方便快捷的网络支付，智慧码头的有序对比传统作业码头的混乱……观察诸如此类的新兴商业现象，你就会发现一个惊人的事实：人已经成了新兴商业效率的障碍！

人类凭一己之力已经跟不上新兴商业的作业效率了，唯有借助人工智能之力，让代表着智慧商业的人工智能来替代人类工作或为人类的行为做减法，商业的整个过程才可以实现无缝的对接。

在新兴的智慧商业中，商业的每一个过程都在加快，每一个环节都越来越精细化，商业的每一个决策都越来越依赖于海量的数据处理，商业衔接过程中的每一个环节都要求零误差、零时延和即时的双向反馈。相比之下，人类的行为已经无法胜任这样严苛的工作环境了，人类需要去做更有创造性、更需要灵感、更有意义的工作。

最大限度地把人的行为从商业过程中剪除，用更高效率的人工智能来替代，从而给人类的行为做减法，很多人将会因此失去自己的工作，这听起来是一件很残酷的事情，甚至让人不寒而栗、无法接受。但回顾人类的历史，文明的进步又何尝不是让自然力量和机器力量替代自己工作呢？人类的进化始终伴随着行为的解放，猿人解放双手去做更精细的手工，现代人解放大脑去研究科学知识。同样的道理，智慧商业的未来一片光明，人类无须杞人忧天、负重前行，只需自信面对、轻装上阵。人工智能为人类的行为做减法，绝对是新兴商业一个值得期待的效率新变量。

区块链给人类的流程做减法

2018年，国内的互联网人几乎是在一夜之间就对区块链有了共识，认为区块链将是互联网的第二次革命，区块链将基于可信的协议构建一种价值互联网生态。

但国内的区块链玩家们对这项互联网底层技术的争议颇多，有人做"币圈"的区块链，有人做"链圈"的区块链，有"去中心"的区块链，还有"弱中心"的区块链。有人把区块链做成不可篡改的"分布式账本"，有人把区块链做成"在线赌博"的工具，更有马云想用区块链来挑战美元霸权——支付宝在全球首次实现了基于区块链电子钱包的跨境汇款服务。

我对所有的这些区块链应用都不做评价，因为人类应该有这样百花齐放的探索精神，去大胆地寻找区块链之于互联网、之于人类的意义。无论这些玩家构建区块链互联网生态的出发点是出于善意，还是出于金钱的诱惑，抑或纯粹就是出于恶意，都不影响最终的结果。因为人类的历史总是正义战胜邪恶，光明战胜黑暗，而短暂的黑暗和邪恶往往能够冲破束缚，激发出全人类集体的智慧，共同进入一个更美好的新时代。

作为信用中介的银行系统，应该永续地存在吗？如果没有一种黑暗力量，甚至是邪恶的力量去挑战它，银行就会理所当然地觉得自己应该永远存在。

信用中介是人类给自己做的一个加法，这种加法因为解决了人与人之间的信任问题，一度成为商业效率的代名词。现在包括华尔街诸多世界顶级银行在内的世界各大银行系统构建起了庞大的商业帝国，海量的资金在这个系统里运行。所谓"物极必反""过犹不及"，银行系统的过度繁荣真的一直在提升商业效率吗？

　　智慧商业的本质就是给商业中不必要的流程做减法，将低效的中间对接环节无缝连接，实现秒级甚至毫秒级的商业响应，以此来彻底颠覆低效率的传统商业运行。你在街边小店购买东西，资金从你的账户实时转出，就应该实时转入到店主的账户中去，店主有了这笔收入，就可以实时支配它来向上发出采购的请求或者另开新店，或者也可以选择借贷给信誉良好的人。所有的这些环节都要尽量减少截留资金的中介，因为它们会严重影响商业响应的速度。

　　资金在各商业参与方之间的自由流动，哪怕是被中介耽搁了一分钟的时间，都会对商业效率构成极大影响。一分钟的延迟可能会导致进出口的商品不能正常通关，一分钟的延迟可能会导致一个生命得不到及时救治，一分钟的延迟可能会导致旅客错过一趟航班，一分钟的延迟可能会导致一位信贷者逾期，一分钟的延迟可能会导致股价一落千丈……区块链的价值就在这里，完全是点对点的支付，不需要任何中介，所有的商业环节不再有无谓的延迟。

　　世界的运转是一系列的流程，人们做任何事情也都需要流程，有流程就会耗费时间，也需要人们投入精力。在未来的轻资产时代，各种"流程"都要简化，人们需要从繁杂的流程中解放出来，要最大化地减少流程，提升商业运行的效率。

　　区块链技术可以帮助人们减少很多不必要的流程，它解决的不仅仅是单纯的信任问题，更是流程问题。它帮助人们从根本上对流程做减法，并且这种减法不局限于金融领域，很多领域的流程都会被区块链做减法。所以，区块链是非常有价值的，尽管它诞生于比特币，但它的价值会远远超过数字货币，因为它是智慧商业的一种效率新变量。

社交应用给人类的沟通做减法

中国自2010年开始的这一轮新兴智慧商业的爆发，智能手机的快速普及功不可没，甚至可以说智能手机是智慧商业的一个关键诱因。但很多人忽视了另外一个重要的影响因素，那就是智能手机上各种社交应用的普及。

跨越地理空间的沟通，一直是制约人类社会发展的阻碍。在古代，朝廷的一项政令，从天子都城传到偏远州郡，动辄需要数天甚至数月之久，皇帝与封疆大吏之间沟通不畅，还往往误事，这在很大程度上限制了国家的快速发展。假如康熙和臣僚们都有"微信"，彼此拉个微信群就可以实时决策军国大事，就完全不必让士兵们长途跋涉来回传递消息，贻误战机，年羹尧更不会因"将在外君命有所不受"落得九十二项大罪。

古代的商人也是如此，信息传输不发达，仅凭驿站来传递商业情报，很容易错失商机。清代红顶商人盛宣怀就非常有眼光，他创办了中国第一个电报局——天津电报局，并由此超越胡雪岩成为晚清第一大官商。盛宣怀在给清政府的奏折中高度评价了电报的"亘古未有之便益"，说电报使人"坐一室而可对百朋，隔颜色而可亲謦欬"。

对于盛宣怀所处年代的人们而言，电报简化了人与人之间的沟通，提升了人们商业沟通的决策效率和商业信息的传递效率，人们无须像以前一样费尽各种周折和时间进行沟通。和现在相比，电报及后来的电话唯一的缺陷就是还不能"建群"，让身处世界各地的人在同一时间进行无障碍沟通。

时下的各种社交应用就彻底解决了无障碍沟通的效率问题，为人类的沟通做了减法。沟通不再需要跨越千山万水，也不再需要万语千言，更不需要挨个打电话，只要大家都下载了手机社交应用，就可以进行即时的无障碍沟通。所以，我们会发现新兴商业的一个特别有意思的现象，就是很多App都会读取你的"手机联系人"，App还有专门的窗口可以发私信、发个人动态和朋友圈，企业首先会把一款商业App做成类社交的产品。新兴商业如此看重产品"社交基因"背后的真实意图，正是为人类的沟通做"减法"这一商业效率的核心。

现代人在一天的工作中经常要开很多次的工作会议，而且层级越高的人开的会议越多，整日飞来飞去开会极大地影响工作效率。在不久的将来，人类的社交沟通还会融入AR（Augmented Reality，增强现实）技术或VR（Virtual Reality，虚拟现实）技术，那时候举办世界大会将不需要人们飞来飞去。比方说海南举办博鳌亚洲论坛，就压根不需要政治家、企业家飞到博鳌，每个人通过一套增强现实的设备就可以身临其境地开会沟通。

"减法生活"是人类社会发展的必然趋势，也是影响新兴商业效率的一个新的变量。在一个信息过载、物质过载、生活过载、社交过载、娱乐过载的加法世界，只有不断地通过新兴商业的减法来给人们节省时间、节约资源去做更有意义的事情，人类才能轻松自由地驾驭未来社会，否则人类将会被这个沉甸甸的世界拖累至死。

人一天乃至一生的时间都很有限，假如没有了新兴商业的"减法"，每天要买菜、做饭、收拾家务，要去银行、水电燃气营业厅缴费，要去逛购物中心、百货超市，要通勤几小时去工作，要去送孩子上学，要处理各种电话邮件、拜访客户，要参加各种会议、培训、沙龙、聚会，要去旅游出行、探望父母、走访亲朋，还要去排队买电影票、火车票、演唱会门票，还要买房、买车，考驾照、学电脑、学外语、学使用各种电器仪表……我相信，再精力充沛的人也会被一个"加法的世界"折磨得精疲力尽。

新兴商业的"减法"会发展到什么程度呢？这很难回答，但我们还是可以从新兴商业对现实的改变中找到"减法生活"的一些蛛丝马迹。比如，减法生活将会让窗口排队的现象消失，各种购物结算将无须排队等候；减法生活还会让高速公路上导致汽车排长龙的收费站消失，汽车在高速上行驶将畅通无阻。

　　未来企业的商业模式是否真正具有竞争优势，是否能够吸引足够多的用户，关键就在于在信息过载、物质过载、生活过载、社交过载的社会里，企业能否帮助人们在一个加法的世界做减法，让每个人在乱糟糟的世界里能够从容和游刃有余地生活。

　　减法之所以会成为新兴商业的效率新变量，归根结底，是因为人们在过载的世界里需要井然有序的高质量生活。未来，人们将越来越离不开帮助自己做减法的商业，这是每一个人都必将面临的"刚需"。相反，那些变着法儿给人们的生活做加法的商业则将会被淘汰，比如鼓动人们囤更多房子的地产商，囤房子是加法，租房子是减法，房子的加法已经做过头了，未来房子将是过剩的，过剩就意味着我们需要做减法。

第13章　信用：信用即资产的商业转圜

人与人的效率为什么会不同，效率的差异是怎样产生的？

一个人效率的高低，除了智力、经验、专业等方面的原因，跟他掌握的资源（资产）多寡有着直接的关系。农民用拖拉机犁地，与用耕牛犁地相比，效率是截然不同的；路边的普通小贩与商业街黄金地段的门店老板，效率也相距甚远。在同等条件下，一个人可以支配的外部资源越多、越高级，他的效率优势可能就越明显。

于个体而言，资产即效率，换句话说，生产力决定了个体的效率，生产资料的多寡也同样决定着个体的产出。这里有个区分，一个人拥有多少资产和他可以驾驭多少资产，是完全不同的两个概念。拥有多少资产是一个高度已知的固定状态，但可以驾驭多少资产则适用"杠杆原理"，充满了无限可能。一个人可以驾驭的资产、资源越多，他就越有机会产生更高的效率。

马云能撬动万亿级的电商市场，不是因为他的能力突出，而是因为他可以调动很多的资源；巴菲特能够成为世界首富，也不是因为他特别聪明，而是因为各路投资资本的加持。对于个体来讲，资产就是效率的杠杆，有足够多可以驾驭的资产，才能拥抱足够高的个人效率；而没有资产也就鲜有效率，甚至可能连一点小事儿都办不成，所谓"一分钱难倒英雄汉"。

人并非天生就有资产，人的资产大都需要靠自身的积累，当然也有人依靠父母获得了大笔的可用资产。除此之外，还有一种常见的获得可用资产的方式就是"借贷"，比如向银行借贷，或向风险金融机构进行项目融资。但遗憾的是，人们向银行存钱容易，给自己"加杠杆"借贷或融资可就难了，银行的贷款大多需要有抵押物，普通人很难获得银行等金融机构的贷款或项目融资，金融机构更倾向于借贷给实力雄厚的大型企业集团。

信用即资产：给有需要的个体加"杠杆"

新兴互联网商业发明的"可量化信用"，正在打破银行的"抵押贷款"魔咒。只要人们的个人征信良好，就可以无抵押地向互联网银行、小贷公司申请一定额度的贷款，个人信用在这里变成了一种可驾驭的资产，成了一种可以撬动资金的杠杆，人们可以使用这笔杠杆资产增加个人效率。

芝麻信用就是一种可量化的信用，它的分值范围是350~950分，分数越高代表信用越好，较高的芝麻信用分可以享受小额贷款更高的额度。通过这种可量化信用获得互联网贷款，人们不需要抵押房产，也不需要抵押任何非现金资产，这与传统上银行将资金向有房产等抵押物的人倾斜是截然不同的。

类似芝麻信用这样的可量化信用可以变成人们的可支配资产的现象，对金融效率和个体效率的影响是颠覆性的，因为过去人们想做一件事，但苦于没有资源而无能为力的情况太多了。马化腾就差点以60万元的价格卖掉腾讯QQ，因为他的QQ项目在银行根本借不到钱，银行说没听说过可以凭"注册用户数量"办抵押贷款的；他与国内投资商洽谈投资也同样被拒，因为对方关心的大多是腾讯有多少台电脑和其他固定资产。

现在，想做事的人遇到了一个最好的轻资产时代，只要信用良好，每一个人都有机会无抵押地获得贷款。李克强总理就见证了前海微众银行的第一笔互联网贷款业务——向货车司机徐军放贷3.5万元。系统对客户进行全面的风险评估和多维度信用评级，一般10分钟后资金即可到账，无须任何抵押。互联网新兴商业让个人的信用被量化，这样贷款就可以不再和抵押物相捆绑，而只与可量化的信用相关，信用在一定意义上变成了人们可以驾驭的资产，这是亘古未有的一次商业效率革命。

传统的抵押型信用社会将高效率的金融赋能给一般商业个体，这是一把"双刃剑"。尽管金融机构因抵押缩小了自身的风险敞口，但却给个体效率以致命一击，大量的个体因为没有资产可以抵押而被排斥在信用体系之外，因此也就得不到资金杠杆的加持；与之相反，那些不需要资金的商业个体却因为"信用良好"（可供抵押的资产多）被疯狂地加杠杆。

正如《马太福音》所言：凡有的，还要加给他，叫他有余；没有的，连他所有的也要夺过来。可以说，马太效应揭开了传统抵押型信用社会效率的"阿喀琉斯之踵"，商业个体因此陷入"无资产则无信贷，无信贷则无效率，无效率则无资产"的死循环。毫不客气地说，有资产商业个体的"马太福音"，成了无资产商业个体的"死亡诅咒"。

从抵押型信用进化到现在的可量化信用，是互联网智慧商业对个体效率的一次革命性"矫正"。在可量化信用社会，原来的"把资金贷给有资产的人"，变成了"把资金贷给有需要的人"，信用破天荒地开始为提高个体效率和创造商业价值服务，而不是让资金一味地向有产者集中从而造成资金空转，信用因此成了个体效率的催化剂。

良币驱逐劣币：让失信者没有生存空间

在抵押型信用社会，有产者是失信者的案例比比皆是，他们欠着银行的钱却还能获得银行的资金输血，只因为他们有资产可以抵押；相反，有信用的人却因为无资产抵押而难以获得贷款。这是对信用一词赤裸裸的侮辱，更是对商业社会效率的严重背离，也产生了典型的"劣币驱逐良币"的错误示范。

可量化信用则与抵押型信用截然不同，它鼓励守信者，这与他们的可抵押物多寡没有显著的正相关关系（当然，个人资产的绝对数量在一定程度上也会影响可贷款的额度，但不影响信用分）。

事实上，可量化信用影响的远非获取银行抵押贷款这一商业领域，这仅仅是可量化信用引发新兴商业效率革命的冰山一角。受到可量化信用影响的还包括供应商、客户、合作伙伴和员工等多种商业要素资源的流向。

一家信用不好的公司，在互联网智慧商业中会寸步难行。比如阿里巴巴推出的"淘信用"，也被称为卖家版芝麻信用，按照信用规则，淘信用分数高的商家可以调动更多的阿里巴巴市场资源，商业市场、电商用户因此向有信用的商家集中，"信用即资产"在这里得到了更为生动的阐释。

可见，可量化信用的发展会产生"良币驱逐劣币"的良性循环，让更多的资源向守信者倾斜，让失信者寸步难行，而不是像抵押型信用社会一样让无产者寸步难行。

可量化信用对年轻群体来说尤其利好。他们刚刚步入社会，还没有完成原始的资本积累，难以发挥个体效率。一旦可量化信用给了他们贷款用于购买电脑、手机等生产力工具，用于给付短期房租，用于项目创业，他们就有机会在大城市里找到工作稳定下来，否则很可能会被高昂的机会成本限制，难以发挥个体效率，我在大学毕业时就曾面临过这样的窘境。

成本不对等：守信者拥有更大成本优势

传统金融的本质是风险管理，其风险管理的逻辑体现在资金成本上，风险越高，贷出资金的利息率就越高。通过资金成本来控制风险看似合理，却不符合公平效率原则，因为失信人并不在乎资金成本，守信人才关心资金成本，最终结果是愿意付出更高利息率的人获得了贷款，同时银行也更愿意把资金贷给利息率高的贷款人，这在无形中拉升了守信者的资金成本。

互联网金融的本质则是信用管理，其信用管理的逻辑体现在资金获得上，信用越好，获得贷款的机会越高。可见，可量化信用降低了失信者获得贷款的机会，把更多的资产驾驭机会给了守信者，提升守信者的生产效率，这在本质上其实是增加了失信者驾驭资产的成本。

所以，互联网信用社会正狠狠地惩罚着那些失信者、投机者和各种"老赖"，让他们在可量化的信用社会里没有立锥之地，不仅无法获得银行等金融机构贷款，更无法乘坐高铁、飞机和进行高消费。而传统的抵押型信用社会则常常对这些人无能为力，只能寄希望于法律的制裁和强制执行。

互联网信用社会处处给守信者提供便利，扩大他们的成本优势和资金获得机会，以便让他们实现更高的个体效率和产出。同时，赋能守信者也更利于整体商业社会运行的有序和顺畅，避免了失信者的各种商业负面效应，包括可能给上游供应商、下游合作伙伴及员工、顾客等商业链带来的破坏。

可以说，互联网可量化信用真正地激发了个体的商业效率，促进了商业在末端（也就是个体层面）的爆发，并有效剪除了商业社会中隐藏的各种毒瘤，为智慧商业的顺畅运行打通了每一处毛细血管。

第14章　时间：时间是新的商业战场

时间原本就是一个重要的效率变量。传统的经济学观点认为效率就是时间的除法，人们在单位时间内生产商品或完成服务的数量的多寡就意味着效率的高低，所以人们普遍追求单位时间内更高的产出。

但是，传统的这种关于"时间"的经济学观点有没有错误呢？或者说人们在追求效率时一味地与时间赛跑，是不是真正地代表了"效率"本身呢？

从市场真实的情况来看，绝对的效率带来了绝对的过剩，通货紧缩也由此而生。过去我们经常会看到媒体报道钢铁、水泥、煤炭等行业的过剩产能导致局部经济危机，最后不得不通过当前的供给侧改革来取得市场的平衡。所以，绝对的效率常常会陷入一种悖论当中。

恰恰是在传统商业运行中，效率一直被看作是"时间的除法"，人们做任何事情，都涉及以单位时间来衡量效率。比如汽车运输货物的效率，银行收银员数钱的效率，速记员打字的效率，工厂工人生产商品的效率等，无一不把时间作为一个重要的变量来做除法。

但是，在智慧商业时代，时间之于效率又有了新的意义，时间快了或者慢了都未必真正代表效率，"刚刚好"才是智慧商业时代效率的应有之义。

快递员把快递送快了，刚好客户不在家，这时候的快并不代表高效率；而送慢了客户又急着用，当然也离高效率甚远；而在客户方便收件的时候即时送达，供给和需求在时间上无缝对接，才真正代表了新兴商业的效率变量。

传统工厂与智能工厂的效率差距，将不再是谁在单位时间内生产的产品更多，而是谁能够在最精确的时间点上快速地响应消费者的个性化需求。商业效率比拼的不是"快"的能力，而是"刚刚好"的能力。在某种意义上，智能工厂的效率表现为在时间维度上消灭了库存和生产过剩。

数年前，通过智慧化的商业基础设施，亚马逊可以提前知道用户可能会买什么，从而在用户下单之前就把货物送到距离用户最近的仓库，亚马逊为此申请了一份"预测性物流"的专利。所以，物流配送"刚刚好"才是效率，而一味地追求单位时间的产出效率则可能与效率背道而驰，因为一旦生产的商品超过了市场需求，就会产生库存积压和生产过剩。

商业的供需对接"刚刚好"的效率本质是什么？

本质其实就是在为用户节省时间和为商业链减少不必要的损耗。

传统商业追求的是在生产端提升效率，也就是为企业自己节省时间来提升效率；但智慧商业则更多地追求在接近用户的一端提升效率，以达成整体商业生态的效率最大化，也就是在为用户节省时间、提升效率的同时，还要减少商业生态中不必要的商业环节和损耗。新兴商业的这种从"企业效率导向"向"用户效率导向"的转变，是末端经济之于商业社会的一次具有哲学意味的升级。

我可能无法扭转很多人对于效率的既有认知，因为基于时间除法的效率认知的确在人们的心中已经根深蒂固，但是我还是想用一个词来形容什么才是真正的效率，就是"有用"。企业生产的所有商品在用户那里产生了价值，时间的除法才有意义，否则就只是生产了倾入河里的牛奶、放到生锈的钢材，效率也只能是零。概括来说，企业效率仅仅代表企业的效率而已，它不能代表最终的用户价值，更不能代表商业生态系统的"生物效率"提升。

如果一定要给"效率"一个关于时间除法的定义，我认为效率应该是单位时间的用户价值，而非单位时间的商品生产。即：

商业效率＝用户价值／单位时间

除此之外，时间作为智慧商业或者说末端经济的一种效率新变量，还有着更多与此前完全不同的意义需要我们思考和探索。下面就让我们走近智慧商业的效率新变量——时间。

时间屠夫：用户时间是新的商业战场

无论是作为用户，还是作为消费者，我们每一次商业连接的完成都会伴随商业成本的发生。智慧商业时代，需要纳入考量的成本通常包含四部分。一是购买产品或使用服务的成本，也就是真正体现了产品或服务价值的部分，这通常是显而易见的。比如一部智能手机的商业价值是2000元，那么我们就需要至少花费2000元来购买它。二是交易的成本（主要是时间成本），这通常是隐性的，包括购买产品或服务时付出的额外的时间成本、金钱成本和机会成本。比如在不同的消费场景下购买手机时付出的时间成本（不同消费场景下决策所需的时间、完成消费所需的时间、是否需要物流及物流效率等）、金钱成本（额外的广告成本、中间商差价，可能让这部手机的购买成本上升数百元）等都会显著不同。三是产品体验、服务保障等方面的附加成本。比如智能手机产品赋能带来的个人效率提高、时间和金钱等的俭省，这些通常也是隐性的成本，在商业基础设施2.0大规模普及之前，消费者或用户往往不会把这些成本纳入总体的商业成本考量之内。四是奖励成本。新兴商业体是"用户思维"的商业体，购买往往只是服务的开始（而不是像传统商业体一样，购买就意味着结束），也就是说它们的服务往往都具有长期性。这些商业体往往具有在专业方面迭代升级的特点，产品的每一次升级、性能的每一次提升都意味着用户获得了额外的体验奖励，这也是一种非常隐晦的成本。

产品（或服务）成本、交易成本、体验成本和奖励成本这四者中有一个非常重要的商业成本理念，那就是其中蕴含的"时间成本"因素，这是互联网智慧商业的一大竞争核心。传统经济学的商业模型中，所谓的成本概念都是狭义的金钱成本，即为购买产品或服务付出了多少钱。但2016年年底，罗振宇在其跨年演讲中首次提出了"国民总时间（GDT）"的概念，他指出"时间是新的战场，也是新的货币，时间会成为商业的终极战场"，并提出国民总时间的三大命题，即"每个消费升级的行业都在争夺时间；消费者不仅仅是在花钱，他们的每一次消费都是在支付时间；商机从空间转向时间"。我在《商业向心力：重新定义现代商业竞争》第一章中引述了罗振宇的这一观点，并以滴滴出行为例指出了商业向心力企业具有的时间成本优势，让新经济战胜传统经济，在市场公平竞争中胜出。

也就是说，在智慧商业时代，衡量商业成本的因素已经发生了显著的位移，从过去单纯的金钱成本因素升级为"金钱成本＋时间成本＋舒适度成本（体验成本指标）＋奖励成本"的四位一体。这意味着基于价格主导的传统商业逻辑正在成为历史，建立在全新的"产品（或服务）成本＋时间成本＋体验成本＋奖励成本"这一商业成本逻辑之上的新兴商业体的优势被凸显出来。所以滴滴战胜了传统出租车公司，支付宝、微信支付打败了传统银行，社交新媒体、信息推荐引擎等淘汰了报纸，在线上发力的链家、自如、蚂蚁短租等正在取代传统的房屋中介。

过去，商业竞争的最佳手段就是价格，市场中充当"价格屠夫"角色的商业体往往主导一切。但现在，"价格屠夫"的优势地位已经被显著削弱甚至变得无足轻重，它的市场地位已经让位给了"时间屠夫"，也就是谁更便捷、谁能替用户节省时间，用户就用谁的产品或服务。智慧网络让数据跑路的特点，大大俭省了时间，天生就是"时间屠夫"。所以我们看到，相比出租车公司，滴滴出行就是"时间屠夫"，它显著降低了人们打车的时间成本；相比传统银行，支付宝、微信支付就是"时间屠夫"，它们显著降低了人们交易的时间成本，人们结算、存款等不用再来往于传统银行了。

商业末端被浪费或额外付出的时间成本沿着一条下降曲线而无限趋近于零（决定这一曲线的纵轴是商业末端也就是用户端被浪费的时间成本，横轴是现实商业的智慧化程度，智慧化程度越高，用户需要额外付出的时间成本越低，直至消失）。也就是说，智慧商业在商业末端将会极少甚至没有交易成本的浪费，这是一次前无古人的竞争升维。

举一个简单的例子，在传统商业中，出租车行业的供给和需求是严重错位的，这造成了出行供需环节被浪费的各种交易成本非常之高（如出租车空载、乘客长时间打不到车）。但在以滴滴为代表的智慧化商业体中，出行供给和需求得到了精准对接甚至无缝匹配，这带来的结果是供需环境中被浪费的时间成本越来越低，正在无限接近于零。如果把这种成本浪费现象打一个形象的比方，就如同两个电源之间，原来是用电阻衔接，现在是用铜线衔接，未来可能会引用"超导材料"衔接实现零电损。

效率迁移：中间环节效率决定总体效率

以前人们讲商业效率更多是指提升生产端的效率，但其实数千年以来，真正影响最终商业效率的是供需之间的"中间环节"效率，生产端的效率往往受制于技术和生产力水平的限制而高度固定。

"一骑红尘妃子笑，无人知是荔枝来。"供给和需求之间的路径太长了，商品从生产到最终消费，隔着漫漫长路，信息高度不对称，生产者不知道消费者喜欢什么，消费者不知道生产者在制造什么，双方无法及时进行商业反馈。在供给和需求之间，仿佛是一场旷日持久的猜谜游戏。

所以，智慧商业要想真正提升效率，就必须尽量消灭商业中间环节所消耗的时间，尽量消弭摆在供给和需求之间的鸿沟。

美国的网飞公司的商业模式，就很好地解决了"中间环节效率"的问题。它通过用户喜好大数据来决定影视剧生产，从导演、出演明星到电视剧本，都经由消费大数据的定向选择，以确保播出的影视剧符合用户的消费口味。

在智慧商业时代，解决商业中间环节的效率问题，很大程度上就是要像网飞公司一样，尽可能地减少供给和需求无缝匹配所需的时间，变供给和需求之间无休止的猜谜游戏为精准的大数据智能匹配。

湖畔大学教育长曾鸣在《智能商业》中重点提及的未来核心商业模式"C2B"，就是一种关于提高中间环节效率的智慧商业解决方案，消费者提出需求，制造者据此设计消费品、装备品。

由于掌握了消费者需求的大数据，阿里巴巴包下了美的、九阳、苏泊尔等10个品牌的12条生产线，专为天猫提供小家电定制服务。在天猫，用户的搜索浏览、驻留时间、商品对比、购物车、下单、评价数据都被天猫全程记录，同时用户的个人资料，例如性别、地域、年龄、职业、消费水平、偏好也被记录。天猫对用户的这些资料进行分析，得出企业需要的数据。交叉分析、定点分析、抽样分析、群体分析……数据智能的挖掘和落地都得益于这些手段。

曾鸣还透露，天猫还启动了数据共享计划，将收集到的行业数据，例如价格分布、关键属性、流量、成交量、消费者评价等分享给厂商，通过大数据指导厂商研发、设计和生产，令更多的厂商受益于大数据应用。

同时，曾鸣在《智能商业》中提到的大搜车、土巴兔等S2b2c模式（供应链平台、商家与消费者模式），也同样是一种中间环节效率解决方案，它们就类似于Uber打车的商业模式，由平台通过数据智能来精准匹配供需，替代原来通过自由市场的自然匹配，也极大减少了商业中间环节所需的时间。

我在本篇开篇中讲，智能商业的效率既是个体的效率，也是系统的效率，是两者的效率平衡。其实，如果商业中间环节的效率做得好，供给和需求的匹配顺畅，不仅意味着总体商业系统的效率得到了优化，还会带来一个显著的好处——可以消灭库存和生产过剩，企业不再像以前一样有很多的商品积压，所以个体的效率也获得了提升。

稍加推敲还会发现，提升商业中间环节的效率，归根结底还是在为用户节省时间，实现更快、更精准和更个性化的用户需求响应，这也再一次从侧面印证了"用户时间是新的商业战场"。

个中道理，其实也不难琢磨。过去，商业一味追求生产端的效率，主要是为了降低商品的生产成本，从而在市场竞争中获得价格优势。但在智慧商业条件下，用户的成本观念已经从单一的"金钱"变成了"金钱＋时间"双轨运行，企业在追求"价格优势"之外，更需要追求"时间成本优势"，也就是成为上文中所说的"时间屠夫"，才能立于商业效率的不败之地。

时间截留：区块链与"时间解放"

在传统的商业交易中，由于要解决信任链问题，第三方信用中介会有一种十分常见的"时间截留"现象。

比如，一笔交易中A向B汇款，但作为信用中介的银行并不能实时地将这笔资金打到B的资金账户上，而是会推迟一定的时间，短则3~5分钟，长则1~2日，所以在这条资金周转的商业链中，时间等于被银行截留了。如果想要提升金融效率，就必须把银行截留的时间解放出来，将资金立刻打入B的资金账户。

历史上，建立信用中介的初衷，本是为了解决交易中的信任障碍问题，以更好地担保和促成交易。传统商业社会之所以能够有效运行，就是因为大量的银行、信托等信用中介解决了交易环节的信任问题。正是这种信任链的打通，构建了一个经济活跃的现实社会。

但在以秒为单位的新兴商业下，传统信用中介的效率显得缓慢而拖沓，时间亟待被解放。换句话说，我们身处的智慧商业时代，信用中介模式反而成了商业效率的绊脚石，截留了大量的用户时间，俨然成了一种反效率的存在。

而且，几乎所有的第三方信用中介，都存在类似于银行一样的时间截留问题，导致资金的融通在各大信用中介内部形成不流动的资金池。当大量的第三方信用中介把时间圈禁起来，就造成了时间的极大浪费，影响了商业生态的流畅性，最终限制了总体商业运行及供需对接的效率。

所以想要提升商业运行效率，"时间"就必须被解放出来。办法之一就是消灭中心化的安排，打造点对点的直接交易网络，以便彻底消灭第三方的时间截留。基于区块链技术的智能合约，就是一种时下非常流行的"时间解放"的智慧商业解决方案。理论上，一切中心化的信任制度安排都可以被去中心的区块链技术取代，形成一种更高效的社会自运行机制。

比如2018年6月25日，蚂蚁金服在香港就推出了区块链电子钱包，用户可以在香港地区和菲律宾之间使用。AlipayHK 的用户在通过相关验证后可以直接向菲律宾的电子钱包 Gcash 汇款，渣打银行负责资金清算以及外汇兑换，Gcash 用户收到钱后可以直接消费，汇款时长仅为 3 秒，几乎是实时到账。

当然，除了第三方信用中介之外，也还有很多其他地方被截留的时间需要解放出来，比如行政审批、低速网络、信息孤岛、高速公路收费站等形成的时间截留，都亟待被解放。只有这些时间解放了，我们总体的商业运行效率才会有更大的提升。

QING
ZICHAN
SHIDAI

下篇

超智能社会：

数字生产力决定的新型商业关系

假如有一天，接入互联网的汽车、工厂及银行都拥有"大脑"，进化出像人一样的自主思考和决策能力，那么诸如交通阻塞、产能过剩和金融危机之类的情况还会发生吗？

众所周知，传统经济学致力于通过市场之手（价格涨跌、供需自我调节）和政府之手（货币政策）来指导经济实践，力图通过市场自我修复或政府调节的方式，来优化各种要素资源的配置。这导致传统经济学一直无法突破"后知后觉"的弊端，世界和各国经济数次陷入严重的金融危机。

假如汽车可以自主思考并判断出行经某个路口时会有较大交通压力，它大概率会提前选择其他的路线行驶；银行如果可以自主思考和判断出某一领域将要出现严重的经济泡沫，就可以提前减少在该领域放贷；工厂的机器若可以准确预测未来订单及需求变化，就可以第一时间做出减少或增加生产的决策。

这并不是想象中的未来，而是正在发生的现在，甚至已经是过去的事情了。早在2008年，阿里巴巴就曾通过海外订单询盘量的变化提前预警了世界经济危机，提醒很多中小企业减少库存和生产，躲过了一轮可能的"产能过剩"危机。我们无法确定在未来的"超智能社会"，交通阻塞、产能过剩和经济危机之类的情况是否真的可以完全避免，但可以肯定的是，"数字生产力"将给现实商业世界带来空前变化，帮助人们消灭诸多的"黑天鹅"和"灰犀牛"现象。

一言以蔽之，数字生产力将赋予人类在不确定的商业世界找到确定性的能力。人类社会的商业关系将会因数字生产力而被彻底重塑，商业将变得更智能也更开放，一种智慧共生的商业关系将是我们每一个用户、每一个商业体都无法逃避的必然选择，因为"经济人"天生厌恶风险和不确定性。

在本书的中篇中，我们讲到"资产数字化"将会加速流动、引爆经济末端，创造一个从机器效率到生物效率的商业世界。而在本篇中，我们将会看到，"数字生产力"将让流动的商业世界智慧起来，让数字经济沿着价值最大化的方向前进。那么，"数字生产力"有哪些特征和表现？超智能社会又将创造怎样的未来生活图景？

智引
慧言
商业

Qing
Zichan Shidai

更高阶的商业文明，何时出现？

截至本篇，轻资产时代的三大商业特征将悉数讲完。它们分别是：

资产数字化浪潮下的轻资产驾驭重资产；

效率新变量导致的商业在末端爆发与崛起；

数字生产力推动的"看不见的脑"重建数字市场。

在本篇我们将会看到，即便人性贪婪，无有止境，"数字生产力"还是能够最大限度地理解人类诉求和提供人类物质所需。因为开放共生的商业关系将会撕裂每一个极端的人格，"任性的人"会被数字市场和超智能社会狠狠地惩罚，诸如失信、作恶、贪婪、无情的人将会失去生存空间。可以想见的是，"数字生产力"将会决定（或自然选择出）一种全新的商业关系，以及一种更高阶的社会文明。

无论承认与否，互联网都是人类社会迄今为止最伟大的创造，而且必将不断造福于人类。但截至目前，互联网所带来的一切美好都只是餐前甜点，真正的饕餮盛宴还远未开启。未来，互联网将会沿着确定性的轨迹让人类驶入科幻作家都梦寐以求的"超智能社会"。

首先，互联网将把人类从过度物质化的世界中解放出来，用轻资产驾驭重资产，以万物流动打造一个物尽其用的新型产权社会，这是智慧商业的1.0阶段。

其次，互联网将把人类商业世界从过去的机器效率升级为生物效率，赋能每一个商业末端，从根本上剪除低效，打造一个秒级响应和无缝对接的连接型社会，这是智慧商业2.0阶段。

最后，互联网将会在现实世界中进化出无数个"看不见的脑"来驱动商业体运行，重建一个开放共生的数字市场修复"市场失灵"，以万物智联打造一个人人皆可随遇而安的超智能社会，这将是智慧商业3.0阶段。

人类社会向"轻资产"进化的伟大征程

智慧商业阶段	人类社会	具体商业表现
智慧商业 1.0	新型产权社会	万物因互联网而快速流动，人类社会进入一个轻资产的时代，轻资产会驾驭重资产，财富被重新定义和分配
智慧商业 2.0	连接型社会	万物因互联网而效率升级，商业运行从机器效率升级为生物效率，秒级响应和无缝对接让末端经济爆发和崛起
智慧商业 3.0	超智能社会	万物因互联网而向智能进化，人类社会被数字生产力推动前行，一个人人皆可随遇而安的超智能社会将会到来

　　相信绝大多数人都会有这样的疑问：智慧商业1.0、2.0和3.0三个不同阶段的发展，会按部就班地先生长再进化吗？或者简单来说，人类会先进入新型产权社会，再进入连接型社会，最后进入超智能社会吗？

　　对此，我想用一部科幻小说的情节来表达我的观点。科幻作家郝景芳曾写过一部中篇科幻小说《北京折叠》，讲述了在时间和空间折叠下，北京分属于三种不同维度的人群之间命运交叉的故事，隐喻了北京的上流、中产和底层三大阶层既割裂又交融的社会现实。

其实，就像《北京折叠》一样，智慧商业三个阶段的发展同样不会泾渭分明，而将是高度折叠的。资产数字化、效率新变量和数字生产力这三股力量将会同时把智慧商业向前推进，进而带来互联网智慧商业的发展在同一空间和时间尺度上的"三浪叠加"。比如，5G万物互联的发展将推动轻资产驾驭重资产的流体社会成为现实，云与区块链的发展将会重塑一个秒级响应的连接型社会，人工智能的数字生产力将推动制造、零售、金融、物流及衣食住行等商业社会各领域的智能进化。

"三浪叠加"将是很多中国互联网巨头的典型发展路径，包括阿里巴巴、腾讯等在内，在智慧商业1.0、2.0和3.0的三阶尺度上，它们都将是高度"折叠"的。以阿里巴巴为例，全球商家接入互联网，让海量商品在互联网上流动起来，让轻资产的天猫、淘宝能够驾驭作为重资产的商品，这就是智慧商业1.0；基于云平台的在线购物平台天猫、淘宝，以及云物流的菜鸟、云支付的蚂蚁金服等，共同打造了一个秒级响应的线上商业闭环，这是智慧商业2.0；而阿里的ET城市大脑、ET医疗大脑及ET工业大脑，让城市交通、生活医疗和工业制造实现从AI感知、AI分析到AI决策的升级，向更加智能的方向进化，正是智慧商业3.0的现实写照。

可见，2010年以前的大规模资产数字化进程，只是人类向智慧商业迈出的第一步，人类的生产力水平并没有因为互联网而发生实质性改变。彼时的轻资产驾驭重资产，只是让商业交易的衔接更为顺畅，但并没有带来生产力的提高。

　　商业世界真正的革命性变化的发生，是在大数据、云计算和人工智能等数字技术应用和普及之后，也就是2010年之后的事情。商业体开始因互联网向智能进化，此时的轻资产驾驭重资产，才真正带来了生产力的显著提高，并且让"数字生产力"走上商业舞台，开始推动商业世界的变革和发展。

　　北京是不是"折叠"的我不清楚，但我可以确信现实商业是"折叠"的。我们身边的人中，就有生活在"新型产权社会"的（开通了微信支付的人），有活跃在"连接型社会"的（开网约车的司机、使用菜鸟终端的快递员），而更有提前进入"超智能社会"的（拥有智能音箱的人），甚至我们很多人每天还会在折叠的商业世界中反复穿越。

　　未来，区分阶层的标准将不局限于传统的无产、中产和富裕，而将是新产、超链和超智。新产阶层指的是依靠数字资产的买卖做生意的人，比如各类电商卖家；超链阶层指的是通过熟练操作智慧化商业基础设施谋生的人，比如现在的网约车司机、快递员；超智阶层则是指拥有人工智能等数字生产力为自己工作和赚钱的人。

　　那么，"数字生产力"具体应该如何定义呢？一切具有一定自主思考和决策能力，并可即时做出供需响应的互联网化商业体，都可视为"数字生产力"。换句话说，它须具备三个必要条件：一是可即时响应供需，二是有一定的自主思考和决策能力，三是成为互联网化的商业体。

按照这一定义，智能工厂就是数字生产力，阿里巴巴的ET城市大脑、ET医疗大脑及ET工业大脑也是数字生产力，微众银行、小度智能音箱、腾讯Dreamwriter也都是数字生产力。数字生产力的典型特征就是"智化"，它不一定是人工智能，但一定可以基于数据算法做决策。同时，数字生产力还有一个辅助判断标准，就是它们都是通过使用大量数据带来所在行业生产力水平的革命性跃升。在本篇中，我将通过数字市场、神经网络、机器智能、云上大脑、数字孪生、全时在线、量子世界等七个关键词来解读数字生产力决定的新型商业关系。

第 15 章　数字市场："连接 + 数据"的顶层设计

传统商业关系的确立，高度依赖于人们之间商品与货币交换的发生。

你想要购买一瓶啤酒，首先就需要工厂提前生产出啤酒，然后你才可以到零售商店里用钱来购买。每一次商业关系的建立，都必然有一次这样的商品和货币相交换的烦冗过程。换句话说，在传统的自由市场中，商业的本质更倾向于是一次又一次的"交换"，而"商品 + 货币"也就构成了传统商业的顶层设计，这是一种非常自然和朴素的商业市场，所有的商业关系都遵循着等价交换的原则。

但数字生产力正在打破自由市场中商品和货币相交换的商业关系，重建一种崭新的商业规则——数字市场。

在数字市场中，人们建立起的商业关系，不再是你拿出啤酒、我拿出货币的"等价交换"，而是我与你建立起供需之间实时的双向"连接"，然后通过"数据"算法来无缝对接供需。比如，手机可能会收到冰箱的提示信息："啤酒用完了，是否补货？"然后你操作电商App在网上下单，系统响应订单开始进行配送。在这一过程中，曾经举足轻重的商品交易场景被无缝抹平了，就像多余的电影镜头被"咔"了一样。

在人类数千年的商业发展史中，现实商业第一次达到了不以交换为依归，而是以连接为准绳的商业社会最高境界——这种商业是无缝的，人们用数字资产直接去连接自己想要的商品和服务，而不是用等价物去交换自己想要的商品和服务。打一个形象的比喻，过去供需双方之间是通过"电阻器"连接在一起的，供需匹配必须有一次十分"耗电"的交易操作，但现在连接供需的是"超导材料"，蹩脚的交换行为被智慧商业给彻底取代了，交换正在消失，连接正在成为永恒。

也就是说，数字市场的本质更接近于连接而非交换，因为数字市场中连接远比交换更为频繁且重要。人类未来的某一天，交换这一商业行为将可能减少至零，而连接的次数则会无限增加，并且会越来越频繁和精细。

"连接＋数据"不仅构成了新兴智慧商业的顶层设计，也支撑起数字市场的底层运行逻辑。恰如曾鸣在《智能商业》中所说，网络协同和数据智能双螺旋是未来商业的核心；也如我在《末端爆发：商业向心力竞争的深层逻辑》一书中所指出的，基于广泛连接和数据催化的商业基础设施2.0正在重塑未来商业世界。

数字生产力驱动数字市场

传统商业中的自由市场，以商品生产和交换为基础；但以数字生产力为动力的智慧商业则属于数字市场，数字市场以数据和连接为前提。

两者的区别在于，过去的生产力是机械的，生产工具本身不能进行思考和决策，只能被动地执行生产指令。汽车不能思考和决策，需要司机来驾驶；工厂的机器不能思考和决策，需要人工来操作。所以，在自由市场条件下，有效的管理就成为商业成功的第一要义。

但数字市场是被数字生产力驱动的市场，商业关系的确立依靠的是各种智能商业体，整个商业生态被一个又一个类似于人脑的"机器大脑"连接。

在数字市场中，数字生产工具是高度智慧化的，其可以按照一定的数据算法进行辅助决策和自主思考，它们是更智能的生产力，也是数字市场的构成基本单元。在数字市场中，有很多"看不见的脑（数字工具）"在发挥资源优化配置作用，也有很多自治个体按照数字指令自主运行，而传统意义上的"管理"在商业生态中的作用很大程度上被弱化。

为了更直观地理解"自由市场"和"数字市场"之间的区别，我制作了下面的这张图表：

"自由市场"和"数字市场"的对比

类别	自由市场	数字市场
生产力	以机器工具的机械生产为主导，被动、无意识，所有的决策交给人类，管理是商业成功的第一要义	以数字工具的智能生产为主导，基于算法的主动思考并提供辅助决策，"看不见的脑"弱化了人的作用
生产关系	市场之手和政府之手共同塑造的"消费者"和"企业"的关系	由商业生态系统和"看不见的脑"共同塑造的"用户"和"商业体"的关系
人的作用	管理、决策和协调	连接、服务，技术及系统的优化升级
竞争关系	封闭业态，合作关系	开放生态，共生关系

在这张表中，我们可以看到自由市场和数字市场的以下几个核心区别。

（1）在自由市场中，管理是第一要义；在数字市场中，"看不见的脑"替代了人的作用。

数字市场是"反管理"的，或者说管理是要被束之高阁的，比如菜鸟的智慧物流系统中，包裹的运输就要尽量减少人为的管理干预，由"看不见的脑"来决定订单的去向，人的管理反而是给数字市场添乱。

（2）数字市场的基本单位不是孤立的企业系统，而是开放并可自由连接的商业体，同时"商业体＋用户"的组合，将替代"企业+消费者"的组合。

未来，所有人都只能是用户，而不可能是消费者，因为物理世界将会被虚拟世界所串联和支配。哪怕是一辆简单的自行车，也会被各种5G传感器、云计算平台和导航系统等互联网元素高度赋能，人们只能付费使用其服务，而不可能完全购买和拥有整体的智慧商业生态系统。

（3）自由市场高度依赖人来弥合商业供需等各环节的错配问题，但数字市场则需要人把商业系统建设得更智能，让商业各环节的衔接更平滑，从而弱化人的作用。

如果资金可以智慧化地在商业体之间自由流动并形成电子账本，还需要财务和会计来记账吗？如果工业4.0工厂可以智慧化地自主生产，还需要雇用很多工人吗？如果智慧交通系统可以自主调整路上的车流，还需要出动交警来指挥交通吗？

（4）在数字市场中，传统的企业与企业的合作关系，将会被商业体与商业体之间的共生关系所取代，简言之，数字市场只能共生，不能独立。

譬如，麦当劳是一个封闭的系统，它需要通过商业合作与上游的食品供应商建立商业关系，两者之间接口单一而简单，只开放"交易"接口，一手交钱，一手交货，其他方面则彼此互不纠缠；但美团则是一个开放系统，通过商业共生与餐饮店建立商业连接并实时赋能，两者之间接口多元而复杂，彼此唇亡齿寒，高度依赖。

实体性质的生产力，比如一台机器、一家工厂，即便再庞大，它们的商业驱动能力也是十分有限的，只局限在一个有限的空间之内，对自由市场的渗透程度和总体作用也有限。但数字生产力则不同，哪怕是一个很小的智能商业体，都可以打破一切的商业藩篱和边界，变身成一种无孔不入的、智慧化的驱动力量，建立起一个能够平滑、无障碍运行的数字市场，譬如微信、支付宝、今日头条、菜鸟网络、爱彼迎……

从根本上来讲，自由市场那种独立的封闭系统必然会被数字市场开放的连接系统所取代，自由市场的商业合作关系也必然会被数字市场的商业共生关系所取代。商业开放共生不仅是智慧商业发展的一种必然趋势，也是数字市场与自由市场最本质的区别。事实上，我们看到的绝大多数智慧商业平台与其他商业体之间都是商业共生的关系，彼此一荣俱荣、一损俱损，包括阿里巴巴、爱彼迎、亚马逊等在内，都是这样的开放系统与共生关系。

数字市场依托于商业基础设施 2.0

2018年11月，我所出版的有关新兴智慧商业底层逻辑的《末端爆发：商业向心力竞争的深层逻辑》一书，第一次提出了商业基础设施2.0的概念。在这本书里，我给商业基础设施2.0做了以下定义：

商业基础设施2.0是基于"连接"和"数据"这两大运行逻辑，解决底层商业运行中"我是谁，我从哪里来，我要到哪里去"这三大商业哲学问题的新兴互联网商业基础设施的总称。

为了更直观地说明商业基础设施2.0是什么及其与传统商业基础设施的不同，我将用"生产牛奶"和"配送橙子"的例子来进行说明。

传统商业中，当一瓶牛奶被生产出来后，它在"我是谁？我从哪里来？我要到哪里去？"这三大哲学问题面前就彻底懵了。因为传统商业中没有数据和连接，这瓶牛奶完全不知道自己是谁，也没办法进行身份追溯；它不知道自己从哪里来，不知道是哪头牛在哪个家庭农场产的奶；更不知道自己要到哪里去，无法预计会经由哪家超市被哪位顾客买走，更无法预判自己是会被谁喝掉还是会因而过期被扔进垃圾桶。

当然，我们不能把责任完全归咎于这瓶不谙世事的牛奶，因为它绝大部分的无知都是传统商业基础设施造成的。农场工厂、公路铁路、商业楼宇等作为传统的商业基础设施，它们也不能回答这三个问题，工厂不能说清楚这瓶牛奶是谁（源自新西兰奶牛还是荷兰奶牛），马路也不知道这瓶牛奶究竟要到哪里去（送到卖场还是送到便利店），卖场也说不明白这瓶牛奶从哪里来（冷链运输、坐高铁还是飞机空运），传统商业就是在这样的混沌中运行的。

但是，基于连接和数据的新兴商业基础设施（商业基础设施2.0）却可以帮助我们准确地回答一瓶牛奶的三大哲学问题——基于工业4.0的智能工厂可准确追溯这瓶牛奶"是谁"，智慧物流能够了解这瓶牛奶将"要去哪"，现代化的网上商城会在后台清楚记录这瓶牛奶从哪里来。而这一切都归因于新兴商业基础设施的广泛连接和数据处理，这是新兴商业运行赖以维持的生命之本。

也就是说，商业基础设施2.0帮助我们解决了商业的三大基本哲学问题：我是谁，我从哪里来，我要到哪里去。我们可以对新旧商业基础设施做一个更简明和直接的对比。比方说，马路仍是传统的商业基础设施，假如你买一箱褚橙的话，马路绝不知道箱子里装的是什么，也不关心箱子从哪里来，更不在乎箱子要到哪里去。菜鸟网络是新兴的商业基础设施（商业基础设施2.0），假如让菜鸟来运送这箱褚橙的话，菜鸟网络需要清楚地记录箱子里是什么，也会知道箱子从哪里来，更会知道箱子要送到哪里去，因为这些正是菜鸟网络这一商业模式的职责所在。

在这里重复叙述前书的内容，是想说明我对数字市场一个核心观点：数字市场的运行，不再是以传统的企业组织作为纽带，而是要借由数字化商业基础设施的连接和支撑，也就是各行业领域商业基础设施2.0发挥作用。

更通俗的说法是，在自由市场中，人和组织是连接器，企业是一个伟大而实用的发明，全球数以千万计的商业企业的协作活跃了经济，促进了自由市场的繁荣。而在数字市场中，商业基础设施2.0才是连接器，即插即用的商业体成为智慧商业的基本单元，企业不再是以独立的组织形式存在，而是以网络的节点被接入智慧商业系统。诸如海尔、阿里巴巴、字节跳动等公司内部的组织也被打散重排，每一个人都会被整体商业系统赋能，开发或辅助运行各种智能App来无缝接入商业基础设施2.0，从而推动数字市场的活跃。

重资产的物理世界的商业规则，与轻资产的虚拟世界商业规则迥然不同。建设了马路、楼宇、银行、汽车等之后，就可以构建一个运行有序的自由市场；但有了超级公路、数字办公空间、互联网金融平台、智慧物流系统等，才能构建一个供需无缝对接的数字市场。两者的本质区别，正在于商业基础设施的不同。

动态数据与数字市场

历次工业革命的本质都是效率革命。化石燃料带来第一次工业革命时，机器效率替代了手工效率；电力能源则带来了第二次和第三次工业革命，电气化、信息化升级了机器效率；当前，海量数据正在驱动第四次工业革命，通过给机器安装上自主化和智慧化运行的"数据大脑"，人类的工业革命将由此迈入全新的智能效率阶段。

以数字生产力为代表的新一轮工业革命，很大程度上是数据智能带来的效率革命。驱动商业社会运行的燃料已经从过去的石油、电力发展成为数据。当我们谈及数字生产力的时候，必然离不开"数据燃料"，尽管电力能源仍然是数字生产力的重要动力之一，但核心动力已经不是电力，而是海量数据了。

但是，现在的"大数据"被一些经济学家和媒体过度神化了，人们普遍形成了对大数据的一个认知误区，认为大数据就是"未来的石油"。所以大量的企业和资本开始看好并投资数据产业，包括非理性地进行存储空间和计算机算力的投入，疯狂地存储和收集各种网络数据，甚至是不顾用户隐私进行所谓的"精准大数据营销"，即便是全球数一数二的科技巨头也不时面临泄露个人隐私数据的指控。

那么，大数据真的是可以驱动数字生产力的未来石油吗？

真实的答案将会令很多人感到意外。从驱动数字生产力的角度而言，互联网"静态数据"的价值并不大，它们更多地是起到"用户画像"的作用，比如用户的性别、年龄、消费偏好、好友关系、生活地域等，仅此而已；最关键的是，静态数据是不能反映市场供需变化的，这就决定了静态数据无法让商业的智慧运行起来。

事实上，要想让商业生态生成数字生产力并智慧地运行，真正起决定性作用的其实是大量的"动态数据"。动态数据因为可以反映实时的商业运行状态和趋势，可以准确描述当前市场供给和需求的情况，所以对商业体自主的、智慧化的决策至关重要。举一个例子，网约车平台每天都会产生大量的来自打车用户和网约车司机的供需数据，平台上前一天的数据就是静态数据了，它对今天的平台运行几乎没有价值，最大的作用可能就是它可以帮助修复"用户画像"。而当前的平台数据则是动态变化的，比如司机和用户的定位数据、司机是否空载、用户是否已经上车、是否已经抵达目的地、是否完成结算等数据都是动态变化的，对这些数据的即时分析处理可以帮助网约车平台智慧化地运行。所以可以说网约车平台数字生产力的运行就是依托了海量的动态数据，我们还可以类比智慧物流、互联网金融平台、智慧交通、智慧农业等的运行，其实也都是基于动态数据。

当然，动态数据我们也可以称其为"在线的数据"或者"实时的数据"，称谓可以不同，但它们都绝不可以与静态数据同日而语。也就是说，动态数据才是驱动智慧商业的未来石油，而静态数据更像是亟待清理的数据垃圾。让人遗憾的是，现在恰恰有很多地方政府、创投企业将资金、设备和人才投入到了静态数据的收集和存储当中，妄图从中找到驱动未来商业的石油。

动态数据是未来石油的观点还告诉我们一个道理，在未来数字市场或智慧商业的运行，"数据"需要与"连接"同步，两者的运行步调要高度一致，而当企业空有数据却没有连接，就无异于盲人骑瞎马；脱离了连接的数据，其智慧商业层面的价值就等于零。数据和连接的这种关系，如同易经"阴阳鱼"描述的万物运行一样，数据和连接两者之间也是"阴阳和合""你中有我，我中有你"的关系。

　　未来的超智能社会，绝不是"大数据"的独角戏。无论是宏观的数字市场，还是中观的智慧商业，抑或是微观的智慧商业体，它们都必然依托于"连接＋数据"的顶层设计，依托于"连接＋数据"实时处理的智慧大脑，而所有只拥有数据却没有建立连接的所谓"智慧商业"都会化为美丽泡影。

第 16 章　神经网络：从硬商业到软商业的蝶变

科技是推动社会进步的动力引擎，但想象力才是启动引擎的那束电火花。

这一章节，让我们从打开人类的脑洞开始，把生物独有的智慧、想象力及感知能力，赋予每一个我们所能触及的物体。现在请跟随我的想象，把手呈托举状放在眼前，想象着身体内的神经末梢从手的皮肤下生长出来，长到了身前的书桌上，再沿着书桌长到了墙壁上，然后又长遍了房间内的所有物体内，最终手上长出的神经网络延伸到了方圆 50 公里的整个城市。

闭上眼睛，我想象着方圆 50 公里内的社区、商场、马路、医院及其中的一切门窗、水电燃气、红绿灯等构成了一个巨大的活的生物体，我就是这个生物体的"终极大脑"，而50公里内的每一个人都是我可以操控的神经末梢和触手。然后，有意思的事情发生了。

由于我（大脑）的一时疏忽，南京北路在1秒钟前发生了严重车祸，我（大脑）立刻通知距离事故最近的交警A过去处理，并吩咐附近的120救护车在撞车的一刹那启程赶往事故地点，辅警B接到我（大脑）的通知第一时间隔离事故现场，清障车陆续赶到现场拖走事故车辆，整个过程在10分钟内全部完成，路段交通重新恢复秩序。

几乎在车祸发生的同时，由于某个末梢神经短路，两个蒙面持刀歹徒在银行门口拦路抢劫，我（大脑）立刻通知银行安保人员带领围观群众躲避持刀劫匪并转移到安全地带，并通知在距事发地300米处执勤的三位便衣民警在歹徒即将经过的地方布卡，随后顺利将二人抓获。由于我（大脑）指挥有序，整个过程没有超过1分钟，街道秩序又重新恢复正常。

这个方圆50公里的"生物体"遍布着神经末梢，哪里出现了问题需要处理，我作为这个庞大生物体的"大脑"和主宰，就会有条不紊地维持生物体的系统运行。从夫妻吵架、婴孩啼哭，到小偷盗窃、隔壁老王打麻将"清一色"和牌，我（大脑）都能够洞若观火；小到水电燃气的充值、门窗桌椅的维修，大到旧楼拆迁原址重建，我（大脑）都能在很短的时间内做到井井有条、滴水不漏。

我睁开眼睛，发现刚刚不过是做了一场梦，别说300米外的夫妻俩在公寓里吵得人仰马翻我一概不知，就连几米外小猫在厨房踢翻了酱油瓶我也是几小时后下厨房时才知道。此时我幡然醒悟，由于现实的神经网络限制，我至多只能对方圆一米内的事情有控制力。

方圆50公里内，并没有一张与我体内的神经系统相连接的神经网络，所以我对这个宏大空间内实时发生的事情一概不知，我既不知道哪个司机撞了车，也不知道哪个劫匪抢了劫，更不知道谁在路口执勤，谁又在医院门口待命，谁家伉俪吵架以及哪个隔壁老王打麻将和牌……总而言之，我对一米外的世界几乎没有任何的感知力和操纵力。

传统商业与现实中的我有相同的处境。即便企业的组织内部协同迅速，沟通高效，衔接有序，但也始终难以与外部建立起"神经反射"一样的密切联系。它就像一个硬邦邦的木疙瘩，需要能工巧匠们车出榫卯，方能与其他的木头机械地衔接起来。简单来说，传统的商业生态是"硬商业"，就像是一副被钢钉连接着的骨架，只能围绕着某个枢纽做简单的机械运动，对周边发生的情况几乎没有感知力。即便传统商业已经拥有了发达的工业制造体系和完善的销售渠道网络，也无法达成像神经网络一样的实时商业协同。

不过，数字生产力正在打破传统"硬商业"的禁锢，让现实世界各个角落中的商业响应像神经反射一样及时高效。想一想，一个城市的商业生态系统，可不可以像拥有神经网络的生物体一样自主运行？或者说，当有人叫了外卖，有人下了网购订单，有人家里的电线短路打电话报修，有人拨打了医院急救电话……之后外卖员、快递员、维修工及救护车等各种要素，能不能像遍布神经末梢的触手一样，被即时调动起来响应和处理用户所需？答案显而易见，这些已经是商业现实了。新兴商业正在互联网商业基础设施的作用下从"硬"变"软"，它不仅拥有由钢筋水泥构成的结实骨架，更有即时响应的"数据大脑"和深入到商业末端的"神经网络"。

商业世界的"神经网络"

神经网络本是生物体所独有的一种器官，它通过神经反射来帮助生物体即时地传递信息和做出反应。人体中就遍布着各种神经末梢，当我们的手触碰到尖锐的物体时会产生刺痛感，人在神经网络的作用下就会做出缩手的反应。但现在，神经网络开始离开生物体，在现实商业里生长并蔓延开来。

在科技领域，人们通常所说的"神经网络"有两种含义：其一，"神经网络"指的是"人工神经网络"，也就是人们通常所说的"人工智能"，是由计算机机器学习算法推演而来的各种运算模型，它们是现实生活中各种"数据大脑"的重要组成部分；其二，"神经网络"指的是物理空间中被互联网连接着的各个网络节点（包括传感器及各种雾计算、边缘计算节点）的总和，也就是"物联网（Internet of Things, IoT）"，当然也有人叫它"智联网"，这些节点构成了现实世界可即时感知和实时反应的神经网络末梢。

我所说的商业世界的"神经网络"，或者说"软商业"，指的正是一个由"数据大脑（包括云计算和人工智能）"和"物联网（智联网）"所共同构建的商业世界，它突破了互联网虚拟世界的边界，直接对现实的物理世界进行生物控制（也就是神经系统控制）。

一个鲜活的"软商业"案例是鸿山物联网小镇。

2017年10月，阿里云与无锡市合作打造鸿山物联网小镇，仅一年之后，就在3.6万平方公里的土地上，部署了22万颗传感器以实现全域感知，将地下的管井、水网，地面的土壤、交通数据，空中的大气数据进行了全面的采集和全面的结构化，并上传到云端进行展示和处理。

按照规划，鸿山物联网小镇的建设内容涵盖智慧数据系统、智能交通系统、智慧旅游系统、智慧医疗系统、智慧农业系统、智慧社区系统等六个模块，最终要实现人、物、小镇功能系统之间的无缝连接与无限协同。

事实上，这只是阿里构建商业世界"神经网络"的冰山一角。在阿里巴巴官方公布的发展战略中，阿里云ET就被比作了人类的"大脑"，云计算是"心脏"，物联网则是"神经网络"，阿里巴巴正是基于这样的商业想象构建着庞大的帝国。此前，阿里云物联网IoT事业部总经理库伟曾指出，"物联网"有三大使命：首先，物联网将物理世界抽象到数字世界；其次，通过数字世界，人类将重新认识物理世界；最后，物理世界的数字化将改变人类的生产实践活动。

在物联网出现之前，数字生产力仅限于在虚拟的互联网空间发挥作用，比如像阿尔法狗一样下围棋，像百度大脑一样做机器翻译，它们是无法改造物理世界的。但在不远的将来，随着鸿山物联网小镇这样的物联网项目在全国展开，数字生产力将借由遍布物理空间的"神经网络"来改造物理世界，驱动马路上的汽车自动驾驶，驱动工厂里的机器自动生产。

传统意义上的生产力是人们驾驭一台台钢铁巨兽，改造大自然，创造社会财富，这是"硬商业"；但数字生产力是数据流指挥着车流、人流和商品流，协同工作推动人类进步，这时候的商业则在变"软"。而从"硬商业"到"软商业"的蝶变背后，商业世界的"神经网络"得以建立起来，从此原本古板的物理商业世界被赋予了智慧和灵气，就如同女娲捏的泥人有了血肉、神经一样，活灵活现起来。

"软商业"的秘密武器

在过去的两三百年时间里，人们用牛顿、特斯拉、爱因斯坦等发现的物理定律改造现实世界，带来了"硬商业"的空前繁荣，人类建造起了一个庞大的机械运转的商业系统。

但是，系统内的一切还是通过人类来进行连接，而始终没有建立起一个像生物一样可以自运行的商业系统。人类建造的飞机、火车、汽车和轮船，以及其他的各种物理商业设施，如果没有人为操纵，就会变成一堆废铁和垃圾，这也是"硬商业"世界最大的缺陷。

"软商业"将是一套完全不同于物理世界运行逻辑的新系统，用以弥补"硬商业"无法自运行的缺陷，并最终把一个由机械系统维持的物理世界升级成为由生物系统维持的超智能社会。也正因如此，"软商业"将必然表现为在很多商业场景中对人力的替代，未来诸如人要休息机器就无法工作、人一出错机器就陷入混乱的局面都将会被彻底改写。

商业世界的"软商业神经网络"的构成，除了"数据大脑+物联网"的定义外，还可以继续细分为软件系统和硬件系统两部分：其一，由各种网络设备连接起来的神经网络硬件系统，包括AI芯片、5G设备、传感器、存储设备及各种移动终端等可连接设施，相当于人体内的中枢神经、神经末梢和大脑神经元等人体系统和细胞；另一个则是由数据流收集、分析和处理形成的神经网络软件系统，包括云计算、雾计算、边缘计算及人工智能等可进行分布式数据处理的算法模型，相当于人脑的意识、学习推理及决策等能力。

这其中，AI芯片、5G设备、传感器等神经网络硬件系统，云计算、雾计算、边缘计算和人工智能等神经网络软件系统，都是"软商业"不同于传统"硬商业"的秘密武器，它们类似于人类神经系统中的各种器官、思维与决策模型。

"软商业"的工作原理，也非常类似于人脑神经的工作原理，人脑神经也可以分为硬件和软件，大脑的硬件随着年龄的增长可以进化出更大的容量和功率，相当于硬件设备的迭代升级；大脑的软件可以通过知识、经验的积累及有意识的逻辑训练等进化出更高阶的能力，相当于算法模型的进化完善。唯一不同的是，人脑是通过意识流来支配身体做出反应，软商业则通过数据决策流来驱动商业系统运行。

美国麻省理工学院物理系教授迈克斯·泰格马克写的《生命3.0：人工智能时代人类的进化与重生》一书，将生命的发展分成了三个阶段：生命1.0，靠进化获得硬件和软件；生命2.0，靠进化获得硬件，但大部分软件是自己设计的；生命3.0，自己设计硬件和软件。其实，迈克斯的理论同样适用于"软商业"的发展进步：软商业1.0阶段，靠人工的进化迭代获得硬件和软件；软商业2.0阶段，靠人工进化获得硬件，但大部分软件可以自己设计；软商业3.0阶段，智慧商业将自己设计硬件和软件，完全摆脱人类，但这也是人类最为担心的。

"经脉"超越"骨架"的新商业时代

于人类自身而言，是经脉重要，还是骨架重要？

相信在绝大多数的人眼中，这两者的重要程度不分伯仲，说不清哪一个更重要，毕竟人无骨架是不行的，没有经脉也不行。即便是在古代神话中，经脉和骨架也几乎是同等重要，被抽了筋的东海龙王三太子敖丙一命呜呼，没有了骨肉的哪吒也不得已寻了个莲花化身活命。

于现实商业来讲，"经脉"（软商业）和"骨架"（硬商业）自然也都是不容轻视的。只不过硬商业的骨架已经是现成的了，但软商业的经脉还有待在物理世界中陆续建立。所以就眼下而言，在商业世界中建设起经脉远比搭建骨架更为迫切。而且，即便从长远来讲，我也认为商业的经脉比骨架更为重要，毕竟商业世界从机械系统进化成为生物系统，更多的还是要依靠经脉的作用来驱动。

也就是说，未来的超智能社会，不仅将是一个数字生产力驱动的智慧商业时代，更是一个"经脉"（软商业）超越"骨架"（硬商业）的新商业时代，经脉将会驱动骨架来使商业系统无障碍运行。

其实，我们当下的社会，就已经初步具备了经脉超越骨架的新商业时代的特征。

比如，万达院线遍布全国的电影院资产就是典型的硬商业，是商业基础设施硬件的骨架，而猫眼电影则是典型的软商业，是作为商业神经系统的经脉。"万达院线+猫眼电影"的组合就构成了一种超智能社会的新型商业关系，可以将猫眼电影看作神经网络，驱动了万达院线这个骨架的运行，两者的组合改变了原来物理世界商业的运行逻辑。

同时，快递公司遍布全国的大小运输车辆也是物理商业世界的骨架，而菜鸟网络则是驱动着物理商业世界运行的神经和经脉，"快递公司+菜鸟物流"的组合就也构成了一种新型商业关系，改变了传统物理世界的物流运行逻辑。

当然，类似的案例还有很多，而且经脉超越骨架的现象正陆续在更多的商业领域中上演，其规律是不变的，都是在硬商业有了神经网络之后，开始变成有智慧、可感知并能够自主运行的软商业，未来的超智能社会便建立在无数个这样的软商业基础之上。

经脉比骨架更重要，但两者又都十分重要，正如神经网络支配着躯体，又离不开躯体，两者相辅相成。同样的道理，从硬商业到软商业，既是一场商业升级和蝶变，又是彼此的一种互补和行动默契。并且，在这种默契支配下，未来所有物理世界的商业系统都将因此而更有效率，经脉和骨架将会融合起来，打造一个更加生物化的智慧商业世界。

值得说明的一点是，作为传统商业管理软件的ERP（Enterprise Resource Planning，企业资源计划）系统，并不是神经网络系统，它不属于软商业，因为神经网络系统的反应和反馈是即时的，没有延迟，没有开关，是始终"在线化的"。关于在这一点上，我同意湖畔大学教育长曾鸣的观点，"在线化"是商业数字化的基础。

如果用一句话来概括未来的智慧商业是什么或者未来的超智能社会是什么，我会毫不犹豫地说：未来商业是经脉超越骨架的生物体。

第 17 章　机器智能：辅助人类智能的未来之战

近年来，随着人工智能（Artificial Intelligence, AI）日新月异的发展，人类仿佛患上了"AI恐惧症"，很多人悲观地认为AI将会取代人类，但真的会如此吗？在回答这一问题之前，人类应该重新审视一下自身与人工智能的关系，并认真思考人类智能与人工智能的本质有何不同。

我们首先可以明确的是，人工智能的本质就是数学。先说计算机，计算机的所有能力都是由最基本的二进制与非逻辑算法（即0和1）实现的，这一点毋庸置疑。再说人工智能，作为现代人工智能最重要的深度学习算法的贝叶斯学习，以及其他各种深度学习算法，也是来自于数学的一个分支——统计学。最后，整个现代互联网的大厦，都是建立在数学计算基础上的，计算机网络传输的信息，通常都是二进制数字。

但可以肯定的是，人类智能的本质从来都不单纯是数学。以学会制造和使用工具为分野，追溯200多万年的人类历史会发现，数学从来就不是人类与生俱来的能力，人一出生也并不懂得数学，但这并不妨碍人成为智能生物。数学也并不像人类文明一样久远，它只是人类文明发展过程中的产物，即便从结绳记事的中国上古时期算起，数学也不过只有5000多年的历史。数学作为人类发明的一种非实物工具，的确带来了人类改造自然能力的极大提升，但人类的亿万年进化，绝对不是因为数学。

既然人类智能的本质不单纯是数学，那么人类运用数学的水平被计算机超越，也就不值得我们恐惧了。事实上，除了虚拟的人工智能以外，人类发明的其他很多工具，也都在某些方面远远超出了人类，而且足以或已经替代了人类，比如飞机、汽车、轮船、雷达……这样远超人类能力的工具可以说不胜枚举。所以现在把一部分"思考"的工作交给人工智能，又何足惧哉？

现实的情况是，尽管人工智能已然很强大，但让人类聊以慰藉的是，直至今日，人类社会始终是靠思想统治的，而不是靠数学。任何没有思想的所谓"智能"，都只能是人类改造自然的工具或傀儡。人工智能可以通过数学、物理、生物、化学、地理、天文等知识的学习抵达巅峰之境，但却无法彻底在哲学、文学、艺术、心理学、政治学、社会学、语言学等人文学科方面也得心应手。就目前研究所知，人类意识层面的东西多半不能够简单地用数学来表达。对此，我们只需要记住一句话即可：人类可以离开数学而生存，但人工智能没了数学就会瘫痪，人工智能的终极定位只能是人类智能的辅助，它摆脱不了作为人类工具的命运。

退一万步讲，即便有一天人工智能毁灭了人类，也不会是因为人工智能本身的"意志"，而只能是人类自己按下了指令键，这在本质上和人类按下核按钮没有什么不同。当然，从毁灭世界的角度而言，人工智能的出现也意味着，人类在核战争之外，又多了一个毁灭自己的选项。

事实上，即便人工智能比人类更会运用数学计算和分析能力，甚至比人类更善于使用语言、视觉、嗅觉、触觉等能力，它都不足以对人类构成实质的威胁。最起码，人类还可以与它们比拼效率。人类自身的生物效率有多高你知道吗? 人类大脑的工作能耗相当于一个20瓦的灯泡，而要达到同等的计算能力，计算机需要超过人类120万倍的能量消耗。也就是说，仅从效率上来讲，人工智能与人类智能不可同日而语，更不用提人类处理大自然各种不确定性的生存能力了。所以，那些患上了"AI恐惧症"的人，是太看轻自己了。

对人工智能的恐惧大可不必，但机器智能的威胁的确是客观存在的。如果说人工智能只是虚拟世界里的"预言家"，那么机器智能却是物理世界的"行动派"。在可预见的未来，机器智能不仅会在更多领域替代和抢夺人类的工作，还可能会成为物理世界的主宰。如今，人类很多重复性的工作，机器智能已经可以胜任；而一些基础的创造性工作，比如写作、画画、行车，机器智能也都可以完成；甚至是此前被认为是人类和生物特有的一些能力，比如视觉、触觉，机器智能技术也都在取得突破。

未来，机器智能将经历3个典型的迭代发展阶段：

(1)人工智能+机器。如汽车辅助驾驶、无人工厂，其特征是自动化机器与人工智能相连，实现无人化。

(2)机器智能。如汽车无人驾驶、智能工厂，其特征是海量传感器及芯片构成物理世界的神经网络，实现物理世界的智能化。

(3)人机融合。如《星球大战》中卢克·天行者被砍断手臂后接上了机械假肢，其典型特征是带有"脑机接口"的机器智能出现，人类大脑与机器可以直接相连，实现人机的智能交互。

AI＋机器：从虚拟世界走向物理世界

在过去相当长的时间里，人工智能都仅仅是虚拟世界的"大脑"，只是在网上下下围棋、做做翻译和数据预测，它对人类的威胁和替代终归有限。但是现在，"AI+机器"正在把人工智能的威胁渗透到实体世界，其改造自然的能力已经可以"秒杀"人类。

目前，中美两国都在重点推进工业互联网领域"人工智能+机器"的产业落地。以汽车辅助驾驶为例，截至2019年，国内已经有包括百度、阿里巴巴、吉利在内的众多互联网公司和汽车厂商着手研发汽车辅助驾驶系统，并且有一些已经走出实验室，进入路面测试和试应用阶段；美国特斯拉公司的Autopilot辅助驾驶系统更是经过了数次迭代，实际的公路表现相当惊艳。

其他如物流机器人方面的发展也相当迅猛。在现代化的仓储物流中心，智能快递机器人分拣包裹的效率几乎是人类的五六倍，分拣错误率也大大降低，而且这个小小的智能快递机器人可是集扫码、称重、分拣三种功能于一身。采用了智能机器人的物流中心可以减少70%以上的人工。

不仅是物流，类似的情况还在制造、医疗、采矿、影视制作、军事国防等更多的现实领域上演。比如，工业机器人可以智能化生产作业；医疗机器人分析病患医疗影像的效率已经超过了最有经验的医生；而能缝葡萄皮的手术机器人，其精湛技艺不逊色于任何一位外科大夫；智能采矿机器人可以自主执行钻孔的检测及采矿的各种工序；军用无人机也可以自主完成预定任务。

百度大脑、阿里云智能等已经在很多领域中推进"人工智能+机器"的落地，在提升产品良率、降低能耗和节约原材料等方面取得了显著成效。尤其是在广东、浙江、江苏等沿海省份，"人工智能+机器"已经进入了一个加速发展的阶段，沿海省市再次成为中国新经济发展的引擎。

不过，尽管当前的"人工智能+机器"显著提升了效率，并且已经在很多方面都超越并替代了人类，但可惜的是，目前绝大多数的所谓"智能机器人"仍然不是"机器智能"。因为机器本身的智能化程度并不足够，很多机器设备仍然只是信息化时代的自动化机器设备。比如辅助驾驶只是把方向盘和刹车等交给了电脑处理，但汽车本身和工业化时代的汽车并没有什么不同。真正的机器智能不是把机器的开关交给人工智能，而是要把每一个零部件都交给人工智能。

未来，实现完全的机器智能需要在人工智能、5G商用、传感器及芯片技术等方面均取得突破，届时所有的自动化机器都需要再造，机器的设计理念和运行逻辑都需要重新进行定义，机器将面临从自动化向智能化的升级。

"人工智能+机器"改造现代物流业，智能快递机器人集"扫码、称重、分拣"等功能于一身

机器智能：物理世界的大脑与神经网络

5G物联网时代，人类将真正迎来"机器智能"的爆发，未来所有的机器及其核心部件都将会联网，机器将真正实现通过数据驱动并自主做出决策。

可以预见的是，机器智能将具有如下几个特征：

一是机器需要重新做出符合智能控制的工业设计。比如，就算把人的大脑移植给兔子，兔子也不会像人一样聪明，机器智能也不是"人工智能+机器"的简单叠加。机器需要重新做出符合智能控制的工业设计，以便让人工智能可以精确控制机器每一个零部件的运行。

以前的自动化工业设计是无法满足机器智能的工作要求的，符合智能设计的机器需要植入大量的传感器和芯片。比如，传感器可以让机器拥有"皮肤"一样的触觉，边缘计算的芯片可以让机器零部件成为可灵活反应的"神经末梢"，智能语音交互及机器视觉分别可以让机器拥有"嘴巴"和"眼睛"……机器将不再只是僵硬的钢铁之躯，新的工业设计将让机器更像是行动灵活的智能生物体。

二是智能将会遍布于机器的细节之中，机器将拥有自己的"神经网络"。机器智能不再仅限于控制机器的"开关"和"仪表盘"，而是要控制机器的每一个零部件，让每一个零部件都可以收集和反馈数据，并接受机器智能的数据大脑的驱动。

由于人体神经网络的限制，人类大脑无法做到像控制双手一样精确地控制物理世界中的机器。但机器智能就不同了，它可以与机器的每一个零部件相连，提取相关运行数据并下达指令，从而精确地控制机器各零部件的工作。目前美国波士顿动力公司的人形机器人Atlas就已经可以完成奔跑、跳跃、攀爬、搬运、后空翻等动作，这款机器人的工业设计与传统机器就明显不同，Atlas身体内部及腿部的传感器通过采集位姿数据使其保持身体平衡，它头上的激光雷达定位器和立体摄像机可以使Atlas规避障碍物、探测地面状况，完成巡航任务。

三是机器可以自主决策而无须人类干预。以自动驾驶为例，目前国内外无人驾驶技术的发展，仍然停留在人工智能辅助驾驶和不完全自动驾驶阶段，距离完全的自动驾驶技术仍然比较遥远，最乐

美国波士顿动力公司的人形机器人可以完成奔跑、跳跃、攀爬、搬运、后空翻等动作

观的估计也要等到2030年之后，而完全自动驾驶的汽车才是真正的
"机器智能"。

人工智能是虚拟世界的大脑，但机器智能才是物理世界的主
宰；人工智能永远不可能像人类一样思考，但机器智能却可以像人
类一样自主行动。未来的机器智能，将成为类似人类的重要决策单
元和自主行动单元，将像人类一样拥有独立的思考和行为能力。

自动驾驶的分级

自动驾驶分级		名称	定义	驾驶操作	周边监控	接管	应用场景
NHTSA	SAE						
L0	L0	人工驾驶	由人类驾驶者全权驾驶汽车。	人类驾驶员	人类驾驶员	人类驾驶员	无
L1	L1	辅助驾驶	车辆对方向盘和加减速中的一项操作提供驾驶，人类驾驶员负责其余的驾驶动作。	人类驾驶员和车辆	人类驾驶员	人类驾驶员	
L2	L2	部分自动驾驶	车辆对方向盘和加减速中的多项操作提供驾驶，人类驾驶员负责其余的驾驶动作。	车辆	人类驾驶员	人类驾驶员	限定场景
L3	L3	条件自动驾驶	由车辆完成绝大部分驾驶操作，人类驾驶员需保持注意力集中以备不时之需。	车辆	车辆	人类驾驶员	
L4	L4	高度自动驾驶	由车辆完成所有驾驶操作，人类驾驶员无需保持注意力，但限定道路和环境条件。	车辆	车辆	车辆	
	L5	完全自动驾驶	由车辆完成所有驾驶操作，人类驾驶员无需保持注意力。	车辆	车	车辆	所有场景

不过，从人工智能到机器智能的跃进很难一蹴而就，这个过程就好比从蒸汽机到内燃机一样，也将是人类的又一个艰难的探索过程，人类还需要跨越巨大的认知和实践鸿沟。历史上，从蒸汽机发展到内燃机，人类可是走过了整整100年的历程——1776年，英国人瓦特发明了第一台工业用蒸汽机，但直到一百年后的1876年，德国发明家奥托才发明了第一台四冲程内燃机。

人机融合：人类智能与机器智能分工协作

从科学家的预言来看，人工智能或将永远无法像人类一样思考，因为人类智能在某些特定领域的优势很难被完全替代。最理想的结果可能是，人类或将与人工智能共生共存——也就是机器智能的发展将步入第三个典型阶段：人机融合。

即便从能耗的角度来看，人机融合也是必要的，因为相比人工智能和机器智能，人类智能始终是最经济和高效的一种智能，同时也是最绿色清洁的智能。人类工作一天只需摄入少许粮食即可，而大脑运行所消耗的能量更是有限，但同等智能水平的人工智能则需要耗费大量的电力能源。据估算，谷歌的"阿尔法狗"下2小时围棋的平均电力消耗接近1000度，中国"天河二号"超级计算机正常运行一年的耗电量约为2亿度。所以把人类最擅长的交给人类自身，始终是最经济的办法。

　　在人机融合的这一阶段，人脑与机器大脑将会互联互通，人类智能将继续发挥自身大脑的所长，并与人工智能或机器智能的大脑相互配合处理问题，包括分工处理各自擅长的计算和决策单元，通过相互的协作来完成复杂的任务。比如，外科医生可能会与智能机器人一起分工协作来给患者做一场高难度的手术，地质学家与智能机器人一起分工协作进行深海海底探测。

　　相比于纯粹的机器智能，人机融合对人类具有更大的现实意义和价值，它将会帮助人类真正建立起人类意识与物理世界之间的连接，不仅植物人和肢体残疾的人将会重获新生，包括人类神话创作中的"隔山打牛、隔空取物以及灵魂附体、心灵感应"等也都有机会成为现实。

　　现在，科学家们在人机融合方面已经进行了很多有益的探索。比如通过脑电图和功能性核磁共振来分析大脑皮层的活动，收集相应数据进行分析、处理和反馈等，而最有效的方式是在头骨下面植入多级阵列来开发脑机接口，用电极来记录大脑生成的信号，然后发送给机器大脑进行解码。

　　目前，脑机接口的发展已经容许人们将动物大脑与外部设备直接相连来执行特定的功能。2008年，匹兹堡大学神经生物学家安德鲁·施瓦茨就宣称，他们创造的脑机接口可以被猴子用来操纵机械臂给自己喂食；而在2016年夏天，美国科技狂人埃隆·马斯克的神经科技公司NeuraLink也着手开发一个类似的脑机融合系统项目，前期将用于治疗人类的脑部疾病。

　　未来，脑机接口和人机融合的发展，将会把人类智能的边界向更广阔的物理世界进行延伸，人类将仅凭大脑意识就可以随心所欲地操纵物理世界，真正做到"上九天揽月，下五洋捉鳖，谈笑凯歌还"。

第18章　云上大脑：云端之上的轻资产运维

稀缺，是人类商业大厦的根基，没有稀缺就不会有古代商业，更不会有现代经济学。同时，不仅实体资产存在稀缺问题，新兴商业中的数字资产也同样要解决稀缺难题。

"网红经济学家"薛兆丰写过一部热销著作《薛兆丰经济学讲义》，第一章讲的就是"稀缺"。他说，经济学大厦建立在稀缺的基础上才最稳固。稀缺的含义非常广泛，不仅指矿产、森林和能源等有形资产的匮乏，还指空气、美貌、天资、注意力和时空等无形资产的不足。

正因为资产稀缺，所以才需要商业把各种稀缺的资产流通起来，通过合理高效的资产配置产生价值。因此，流通便成为商业最本质的逻辑。我在解读新兴互联网商业的《末端爆发：商业向心力竞争的深层逻辑》一书中，就推翻了"商业的本质是交换"的结论，重树了"商业的本质是流通"的观念。

理论上来说，资源在谁手中的利用效率更高，就会经由商业行为流向谁的手中，这就是经济学中著名的"科斯定律"。科斯定律在解释稀缺资源的优化配置方面堪称完美，比如深埋地底的钻石，并不属于矿场上挥汗如雨的工人，也不属于费尽心思打磨它的工匠，而必将属于一位美丽性感的姑娘，因为只有戴在姑娘的手上，它才拥有最光彩夺目的价值。

也就是说，一切稀缺的资源都会经由商业流向它们能产生最大价值的地方，这既是商业的魅力，同时也是文明的规则。在野蛮社会，人们往往会通过暴力来解决稀缺资源的配置问题，比如通过战争掠夺所需的稀缺资源，当然战争不是我们所愿见的。

如果说在物理世界中，人们解决稀缺问题的手段是流通，那么在虚拟的数字市场中，人们又是怎样解决稀缺问题的呢？

在物理世界，稀缺资源常常处于流通态，即通过不断变换所有权来解决稀缺难题，而在不愿变更所有权的情况下，也可以通过租赁、拆借等变换使用权的形式来解决稀缺问题。比如，当工地缺少挖掘机时，建筑公司就会购买或者租赁一台挖掘机，而在工程完工之后，建筑公司也可以选择将其出售或者向外租借。

但在虚拟的数字市场中，除了上述商业意义上的流通外，人们还普遍运用了一种更高效的稀缺资源配置方式——云。也就是说，在数字市场中，诸如数据存储、数据计算及人工智能等所有稀缺的资源都是"云化"的，商业体以云接入的方式付费获得云上资源的使用权。

比如，进入数字生产力时代，在所有最稀缺的资源中，"算力"可谓一马当先。假如没有了算力，诸如自动驾驶、智能工厂、智慧交通等数字生产力都将无法正常运行，但算力可不像阳光和空气一样是无限的，它高度稀缺、难以维护且耗能惊人，以至于商业体不可能都拥有自己独立的算力。

实际上，正如我们看到的现实互联网商业世界一样，算力是被很多个商业体共享使用的，我们也把这些被共享的算力称为云计算。其中亚马逊AWS、微软Azure和阿里云等云服务厂商就将算力租借给了成千上万个不同的商业体使用。

当然，云不仅是一个算力的资源池，还是硬件存储、平台服务等多种网络服务的资源池。这些资源池的作用就是让各种数字化的稀缺资源能够快速流动起来，在商业体需要时供其使用，不需要时及时腾出来给别人使用，从而让商业体的资产变得更轻，同时也更易于在线运营和维护。

目前，主流的云计算服务有三种形式，即IaaS（基础设施即服务）、PaaS（平台即服务）和SaaS（软件即服务），它们共同构成了数字市场中整体的云计算生态。本章要讲的正是作为"算力资源池"的云计算，或者说是"云上大脑"，讲述它们作为一种数字生产力，是怎样维系着数字市场的轻资产运营维护的。

数据中台：多维数据处理催生"超智能"

什么是智能？理论上来说，能够降低信息熵（不确定性）的就是智能。吴军在《智能时代：大数据与智能革命重新定义未来》一书里就讲到了类似的观点，"智能问题从根本上讲是消除不确定性的问题，大数据则是解决不确定性问题的良药"。

比方说，我们手上有一张动物的图片，它既可能是猫，也可能是狗。这时候的信息熵（不确定性）还比较大，人类通过引入一些常识信息（比如"猫是三瓣嘴""狗是长嘴巴"等）就可以判断图片中是猫或者是狗，从而降低信息熵；而人工智能也可以通过机器学习猫和狗的历史图片的数据特征，来判断图片中是猫还是狗。

但"凡事无绝对"，即便是高等智能的人类，也会有低智或弄巧成拙的时候，也就是智能也有可能会增加信息熵，比如有人会判断图片中的腿跟马腿很像。数字智能也是如此，只要是智能，都会有意外，但偶尔的意外并不妨碍互联网公司发展大数据智能，不妨碍它们构建智能化的"数据中台"。

数据中台通过引入和处理大数据来降低信息熵（不确定性），它们既是一个集合计算能力、数据库、储存和消息传送等多种服务资源的可编程接口，也是分布在云端的多维大数据处理平台。

中国最广为人知的大数据观点出自汉代的司马迁，他说："以史为鉴，可以知兴替。"根据信息熵理论，当人们掌握大量数据信息之后，就可以降低甚至消除事物的不确定性。司马迁告诉我们，当我们掌握了历史上各朝代的经济、社会、政治、法律、军事等的大量信息之后，就可以引入当前的社会环境中判断"历史周期律"会怎样发生了，就和我们或者人工智能判断上述图片中是猫还是狗一样。

互联网巨头们构建云化的数据中台，主要是发挥两个层面的数据优势：一是数据量会很大，数据量大就可以产生"简单智能"，比如数据库中有很多狗的照片，那么数据中台就可以通过机器学习，来判断一张照片是否是狗的照片；二是数据的维度会很多，多维数据可以产生"超智能"，比如数据库中除了狗的海量照片，还有猫、猴子、狼、兔子等各种动物的海量照片，那么数据中台就可以通过机器学习来判断一张照片中的动物究竟是什么了。

根据信息熵理论，在一个封闭的信息系统中，信息的增加意味着确定性的增加。也就是在一个封闭的信息系统中，信息越来越多，就越来越有序，而想要获得更大的确定性（更小的信息熵），则需要给这个封闭系统增加新的信息。

所以，大数据和多维数据对智能的意义不言而喻。其规律是：越多维度、越大量的数据，就可以产生越高级的智能。既然阿尔法狗理解了海量的棋谱就成了围棋大师，那么当阿尔法狗熟读了海量历史书籍、人物传记后就会成为人类预言家，如同"以史为鉴，可以知兴替"一样。而当人工智能掌握了历史、天文地理、物理、生物、化学、心理学等足够多的人类三维空间的数据以后，谁知道它会不会制造出能够理解"四维空间"的超级智能，像刘慈欣在《三体》一书中所描述的一样，可以窥见三维空间的无限细节，为我们展现人类世界从宏观到微观、从亘古到未来的全貌呢？

国内数据中台的代表性企业是阿里云，其通过打通数据来构筑起"阿里云智能"平台，为众多企业提供云端之上的轻资产运维服务。阿里云可以为企业提供从IaaS、PaaS到SaaS的全套"云计算"服务，其数据中台的内核包括两方面，一个是数据技术能力，另一个就是数据资产，阿里巴巴企业内的各个业务都在共享同一套数据技术和资产。阿里巴巴内部为这个统一化的数据体系命名为"OneData"，它意味着未来从前端的商品设计、制造，中端的订单、物流、支付到后端的用户使用、售后等多维数据全部都可以被打通，这样的数据中台也正是张勇眼中阿里巴巴商业操作系统的根本。

AI 开放平台: 智慧商业世界里的"轮子"

西谚有云:"不要重复发明轮子。"这几乎也是互联网技术开发领域的一个共识,即要对已有的、成熟的开源技术方案奉行"拿来主义",不需要商业体自己再做一套独立的编程开发。

"轮子理论"尤其适用于 AI 开发领域。我们把 AI 比喻为人类要发明的"轮子",AI 这个轮子本身其实就是一套算法,但训练 AI 对数据和算力的要求十分巨大,这是普通的商业体难以企及的,只有少数互联网巨头有足够的算力和数据来"发明轮子"。

同时,让"轮子"运转起来也非易事,AI 的每一次运行都需要调用海量数据并消耗大量的算力,阿尔法狗下一盘棋需要调用的计算存储设备及所要消耗的能源都远非一家小公司所能负担。

显而易见,因为"稀缺"属性,作为数字生产力的 AI 也必然是云化的。AI 在云端被商业体和终端用户接入和调用,只需少数几家有实力的厂商负责运营和维护即可。国内外都有专注于这类通用AI 开发的企业,比如百度、谷歌、微软,它们在图像识别、智能语音交互、机器感知、自动驾驶、智慧营销等领域开发和训练出了各种 AI。

目前,微软小冰、百度小度、谷歌 Waymo 等都是大家耳熟能详的 AI,它们被应用于电视播音、智能音箱和自动驾驶等各个领域，分别被为数众多的电视台、硬件厂商和整车厂商接入使用。而且互联网巨头们还在不断发明更多的"AI轮子"，覆盖更多的智能应用场景。

打一个形象的比喻，云端之上的这些AI，可以看作商业体能够使用的眼睛、耳朵、嘴巴甚至是手和脚，用于在线翻译、图像识别、自主行动等各种现实场景，但它们不隶属于任何一个商业体，只是百度、谷歌这样的人工智能公司赋予了企业AI能力而已。

当然，互联网巨头也在开发AI开放平台，企业可以在平台上在线开发和训练自己的AI，这有点类似于企业在微信上开发自己的小程序。可以预见的是，AI可能会非常普及，未来每一个人、每一台机器终端都可以基于AI开放平台拥有AI能力，但只要终端算力和数据是稀缺的，就改变不了AI是云化的事实。

第 19 章　数字孪生：商业体与用户的无缝连接

在传统商业关系里，人们习惯把参与者分为企业（生产者）和消费者，两者的关系比较割裂，只有企业属于"生产力"的范畴，整体的商业社会都是由企业负责研发、生产商品或提供服务，而消费者只是单纯地参与消费。

但在智慧商业中，谁又是"生产力"呢？或者准确地说，谁是"数字生产力"呢？

事实上，这时候的"生产力"已经不再单纯只是企业了，当然更不可能是消费者，而是另外两类商业主体——商业体和用户的结合体，我称之为一种"数字孪生"的生产力。商业体和用户作为智慧商业的基本经济单元，用户可以提供数据，商业体负责数据处理，两者通过互联网数据无缝地连接在一起，共同组成了数字生产力。或者也可以这样认为，对于数字生产力而言，用户和商业体都是不可或缺的。

商业体不再是提供商品和服务的普通公司了，而是智能化时代为用户提供数字服务的通用端口。商业体拥有的最重要的生产资料，也从物理世界的土地、机器、矿山等变成了虚拟世界的数据，而数据的主要来源之一其实就是用户。包括阿里巴巴、腾讯、谷歌、亚马逊这些基础设施级的商业体在内，每一家都需要用户来提供海量的数据才能正常运转，其遍布在现代物流、制造、金融等各种产业的生产力，无一不是基于对底层用户提供的海量数据进行分析和处理。

如果智慧商业进入到更高阶的IoT物联网时代，数据的一个主要来源还将来自于物理用户，比如实时联网的自动驾驶汽车、工业4.0机器、可穿戴设备、智能家居硬件等，换句话说，互联网的用户将从人扩大到机器设备，这时候商业体和物理用户两者也将共同构成数字生产力。可以预见的是，在未来的智慧商业中，物理用户的数量和规模将会远远超过人类用户的数量规模，而这将会影响互联网公司的远期估值模型，从当前流行的以"月活跃用户"衡量估值到未来的"联网设备"估值模型转型。

互联网新经济这场伟大的商业变革，正在悄然构建一种新型的商业关系。它破天荒地把曾经的消费者也变成了生产力的一部分，创造了商业体和用户这样一对默契的生产力搭档，由两者彼此分工协作，一个负责数据生产，一个负责数据处理，共同打造孪生的数字生产力。

在眼下及未来的数字市场中，我们会看到商业体和用户这两者将是不可或缺的"孪生生产力"，两者相辅相成、齐心协力，一起构建起稳固、和谐又高效的智能社会美妙图景。本章内容，就让我们用轻松随性的心境畅谈数字生产力决定的新型商业关系——商业体和用户之间会发生怎样的化学反应，他们会把人类的商业社会推向怎样的高度，他们会对传统的商业结构进行何种改造，以及会给我们每个人带来哪些全新的商业体验。

商业的"第三次进化"：企业和消费者的消失

当你在阿里巴巴网购平台上购买了一件商品后，你能说自己是阿里巴巴的消费者吗？

对不起，阿里巴巴认为你是它的用户，因为平台自身不卖任何一件商品，它只为数百万的商家提供商业基础设施服务。就算你想说自己是阿里巴巴的消费者，阿里巴巴也并不会承认这一点，当你购买的商品出现质量问题时，阿里巴巴也不会直接赔偿你的损失。

无论你在阿里巴巴网购平台上购买过多少件商品，都只是阿里巴巴的一个普通用户，而不是购买了商品或服务的消费者。而且，我们不仅不是阿里巴巴的消费者，也不是京东、美团、爱奇艺等互联网公司的消费者，消费者只是上一个商业时代的遗留概念，是注定要被抛弃的。

从现在开始，人类的商业社会即将进入第四时代——智能化时代。智能化时代只有用户，没有消费者。

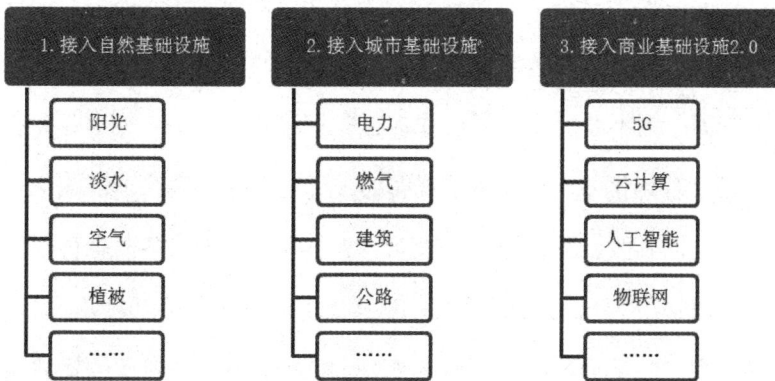

1. 接入自然基础设施	2. 接入城市基础设施*	3. 接入商业基础设施2.0
阳光	电力	5G
淡水	燃气	云计算
空气	建筑	人工智能
植被	公路	物联网
……	……	……

人类社会的三个商业时代

人类社会已经历经了三个商业时代，分别是农耕时代、工业时代、信息化时代（从历史记录来看，在更早的"采集社会"，应该是没有发达的商业及其分工的）。比如，在农耕时代，作坊、手工业者和买主这三者构成了农耕时代最基本的商业业态；进入工业时代之后，工厂、工人和购买者构成了工业时代的基本商业业态；进入信息化时代之后，公司、员工和消费者成了构成新时代商业业态的三大要素。

当人类进入第四个商业时代，也就是智能化时代之后，商业三要素将升级成为"商业体、合伙人和用户"，以取代信息化时代的"公司、员工和消费者"。

首先，在未来智能社会中，我们不需要购买和拥有商品的产权，只需要购买并拥有它的使用权，人们将从消费者变成付费用户。比如，你的交通出行将不需要购买一辆汽车，因为每个人都拥有一辆汽车是低效率的，在智能商业社会，让更多的汽车在马路上行驶是一种浪费，倒不如出让使用权并提供很好的出行服务；同时，拥有一辆高度智能化的汽车也是不现实的，毕竟为每一辆汽车都配备一整套的自动驾驶、影音娱乐、人工智能等服务，个人将很难负担得起；即便是在当下，我们也会面临这样的问题——你可以购买一台互联网电视，但是你能购买所有影视剧和原创体育节目资源的播放版权吗？所以，在智能化时代，消费者只有一条出路，那就是成为用户，因为独占已经不可能了，人们根本就消费不起。

其次，进入智能化时代以后，商业社会也将不会再有员工，只有合伙人，合伙人可能是长时间的，也可能是临时的，他们将是商业体的基本构成单元。阿里巴巴的董事会实行的是合伙人制，在不久的将来，我相信它所有的分公司、事业部（分公司和事业部将会变成商业体）等也将实行合伙人制。

当前，互联网商业社会正在呈现三种变化趋势：一是创业者、内部创业者和创客暴增，二是互联网平台上的打工者暴增，三是合伙人制的公司架构开始流行。

张瑞敏是中国商业界最具前瞻眼光的企业家，虽然他所在的海尔集团属于非常传统的制造业，但这不妨碍他的公司引领着新的商业理念。在海尔内部，张瑞敏完全打破了"公司—员工"的管理架构，整个海尔内部已经"创客化"了，也就是将企业内部的管理架构打散和重构，每个人都是海尔的"事业合伙人"。

据粗略的数据统计，各类互联网平台上的打工者总人数，早就已经超过2000万人，包括滴滴打车、58同城、猪八戒网、今日头条等众多互联网平台都吸纳了大量的打工者。这些打工者与传统的雇员有本质的区别，他们自主运营、自负盈亏并与平台商业共生。这种介于雇员与兼职之间的角色，更像是平台的"事业合伙人"，与平台有着一荣俱荣、一损俱损的密切关系。

合伙人这个词很早就产生了，但此前更多是从资本角度所给出的定义，直到阿里巴巴创立合伙人制管理架构之后，合伙人才有了迥然不同的含义，没有出资、出资很少甚至没有股权的人也可以成为合伙人。自阿里巴巴首开先河之后，互联网类的公司越来越流行"合伙人制"，尤其是创业型的公司，它们招聘一个人，不再是传统地招聘一名员工，而是寻找事业合伙人。

数量大爆发的创业者、内部创业者、创客、平台打工者、事业合伙人的本质，其实都是智能化时代的"合伙人"开始集中涌现。这些"合伙人"自由组合，更好地接入"商业体"，彻底摆脱了传统公司制的桎梏及种种不便。

最后，为了让每个用户都能以更低成本实时地接入总体智慧商业系统，原来独立运营的企业也将消失，变成一个个智慧商业的通用接口——商业体。比如，物流公司就将是一个商业体，它将无法独立于总体商业生态来运营，一方面，它需要给海量用户和商家预留接口；另一方面，它自身也需要接入菜鸟网络等上一级商业基础设施。商业世界将不再有类似企业一样独立运营的孤岛，而是彼此相连，无法分割。

商业体是基于连接而存在的，它更为灵活。网络空间中的连接又是每时每刻都在不断变动的，当一家平台的连接失效（死亡沉默）后，商业体会随之迅速消失（这不是人的意志所能决定的），而组成商业体的合伙人会迅速到下一个平台建立新连接，成立新的商业体。但是，如果采用公司制，每一个打工者都注册一家公司接入猪八戒网或58同城，将会造成大量的金钱、时间成本的浪费和巨大的商业风险，这是商业体必然会取代公司和企业的根本原因。

自上而下的改造：资本市场逻辑重构

商业体和用户的这一新兴商业关系，将会"自上而下"地改造商业链最顶端的资本市场运作逻辑。而这种改变，我们可以从"传统商业是固定资产决定估值"到"新兴商业是用户规模决定估值"

来窥见一斑。

传统上，衡量企业实力的最重要指标就是房屋建筑、机械设备、运输工具等物理性的生产力和生产资料，我们俗称为"固定资产"。评价上市公司估值和赚钱能力，与这些固定资产高度相关，中国绝大多数A股上市公司的估值逻辑就是固定资产的多寡，当然，专利、商标等无形资产也会在一定程度上影响资本认知。

但互联网企业就不同了，互联网行业流行的是一种叫"P/MAU"的估值法，就是按照月活跃用户数（Monthly Active Users, MAU）乘以每用户平均收入（Average Revenue Per User, ARPU）来进行估。甚至在企业融资早期，比如天使轮、种子轮、A轮，投资人也并不很关心每用户平均收入的多寡，即便该数据是零或者是负数，只要用户规模增长迅猛，投资人同样趋之若鹜。

可以说，这几乎是互联网公司估值的一条"铁律"，早期投资人看中的就是用户增长，以至于互联网公司的IPO及IPO后的股价表现，也都是由月活跃用户数决定的，人气下滑严重的公司会迅速被资本抛弃。比如，微博在2013年的活跃度距高峰时下滑了30%，一度被资本市场看空而无法完成IPO，但经阿里巴巴入股输血并于2014年成功上市后，微博月活跃用户数量逐年增长，股价也一路暴涨了七八倍，由发行价的17美元最高曾涨到了142美元。投资人很清楚，用户数量就是互联网公司的生产力，有足够多的用户，才能产生足够多的连接和数据，也才能产生更多的商业价值。

如果沿用传统商业的做法，抛开"P／MAU"估值法，而是按照固定资产数量来给阿里巴巴、腾讯、微博这样的互联网公司做估值，相信会让华尔街的投资人惊掉下巴。

资本市场的作用，本质上就是衡量生产力水平，鼓励先进生产力。在数字市场中，固定资产本身已经不足以代表先进生产力了，商业体和用户的结合体才真正反映了生产力水平，只有用户规模最大的商业体，才反映了市场最高的生产效率所在。举一个简单的例子，人工智能代表了未来的生产力，但衡量人工智能的绝对不是机器设备本身，而是谁更多地掌握了海量数据的生产、挖掘及分析处理。

正是因为商业体和用户共同组成了数字孪生的生产力，资本市场就不可能单纯依靠商业体的固定资产来评估其赚钱能力，而是需要更多地考虑用户规模，同时，通过每用户平均收入反推商业体的实力及其核心竞争力，这才是智能商业时代全新的资本逻辑。中国资本市场正在经历这样的一个觉醒的过程，比如，2019年新推出的科创板，所要求的上市条件就有了更多的包容性，但依然距离数字市场的估值逻辑相去甚远。

交叉股权：困难重重的责任切割

从信息化时代到智能化时代的过渡期，我们会在互联网公司中看到一种非常普遍的商业现象——交叉股权。

当前，一个商业组织（由一人或多人组成）需要连接很多的互联网商业基础设施，它们会面临非常多的交叉股权问题，因为每一个互联网商业基础设施都需要入股这家公司才能确保厘清其在法律层面上的权责，否则将会产生无数的商业纠纷。

比如，一家智能空调生产企业（独资），接入小米的智能家居网络，但因为空调本身的质量缺陷和超负荷工作造成电路短路，引发了非常严重的火灾事故，这时候应该怎样确认权责呢？是让空调厂商承担责任，还是让空调超负荷工作的小米智能家居平台承担责任？

小米作为一家提供互联网商业基础设施的平台级企业，选择的就是交叉股权的合作模式，它入股了很多公司，共同开发产品和提供服务，人们称之为"小米系"公司。

我们再看阿里系和腾讯系。阿里巴巴入股了200多家公司，其中很多都是独角兽级别的公司，因此阿里巴巴被人们形象地称为"入股了中国互联网的半壁江山"。相比之下，腾讯也不遑多让，腾讯系累计投资了600多家公司。

当然，交叉股权不仅仅是智能化时代的责任考量，更是智能化时代的利益考量，这些互联网公司更多地是因为共同的利益捆绑在了一起。

新消费时代：购买不是结束，而是开始

想象这样一个问题：2050年的某一天早上，当我们开着一辆自动驾驶汽车在马路上行驶，我们有为它购买一套"云计算平台"帮我们计算最佳的行车路线吗？我们需要购买一个联网的自动驾驶系统来帮我们驾驶吗？我们开的汽车可能采用了公路系统提供的量子悬浮动力系统，我们需要购买一套量子悬浮的设备吗？我们的车里播放着最新的国产大片《战狼15》，曲库里还有上千首最新的原创歌曲，我们需要购买《战狼15》和原创音乐的网络播放版权吗？实际上，即使我们想买这些设备和版权，也鲜有人能够负担得起昂贵的费用。

在传统的商业运行中，消费者是重要的商业参与主体，所有的商业运行几乎都建立在消费者消费的基础上。比如，在汽车行业的商业运行过程中，汽车生产企业负责整车研发和生产，汽车销售企业（4S店）负责整车销售和售后，消费者则从4S店中购买汽车用于个人消费，如果没有消费者的购买消费，4S店和车企就会陷入瘫痪。

但智能商业时代不一样了，人们绝大多数情况下都不会购买商品成为消费者，只会购买商业体提供的服务从而成为用户。

从商业的角度，"消费者"的概念意味着购买就是结束，只要买的汽车没有损坏，没有任何质量问题，那么企业的服务就已经完成了。

但用户的概念则意味着购买只是开始，只要你成为某个商业体的付费用户，你就可以在约定的时间内持续地享受它提供的服务，

而且只要用户没有主动终止服务，商业体就不能自行结束服务。

比如，未来有一个提供冰箱服务的商业体叫"海浪"，它将通过云计算的数据网络为人们提供食品冷藏服务，根据冰箱中的食材信息自动匹配温度，智能提醒用户哪些产品即将过期、哪些食材面临短缺等，并连接上盒马鲜生的社区店进行自助补货，这时候你还能叫使用海浪冰箱的人"消费者"吗？冰箱可能和房子一样是租的，两年之后使用冰箱的人可能从上海搬到深圳工作，他就不需要这个冰箱的服务了。他并没有购买这台冰箱，又怎么能叫"消费者"呢？

所以，不要用现在的眼光、过去的商业基础设施来思考未来的商业，而要用连接的思维、面向未来的商业基础设施来思考未来的商业。未来，商业世界即将发生的最大变化是：消费者将会消失，企业也将消失，用户将会崛起，面向未来的商业基础设施的"商业体"将会爆发，我们每个人都将经历远超"消费时代"的全新的消费体验——基于用户的"使用时代"。

第 20 章　全时在线：随遇而安的超智能社会

商业的本质是"连接"，商业社会的运行逻辑则是"接入"，联结各个封闭的社会孤岛。

古时候，人们都喜欢用"通商"这个词来形容各类打破社会孤岛的商业行为，通商其实就是一种彼此的商业"接入"。譬如汉朝和古罗马的通商，既是古罗马"接入"了大汉天下，也是大汉"接入"了罗马帝国。从纯商业的角度来讲，这种接入是商业基础设施的变相共享，等于是将大汉的缫丝机共享给了古罗马的贵族阶层使用，将古罗马的玻璃工坊共享给了大汉的子民加工生产。

可以说，人类社会的发展史，就是一个不断接入各种自然或人造基础设施的历史。

在原始的条件下，只要是有充足的阳光、淡水、空气和植被的地方，人类社会就可以聚居和生存。也就是说，阳光、淡水、空气和植被，这些自然条件构成了人类最原始的基础设施，满足了人类在采集社会和农耕社会时的生活需要，聚居也成为人类的一种最天然的接入。

到了现代社会，人们则需要接入城市基础设施中，这时候不仅需要阳光、淡水、空气和植被，还需要电力、燃气、公路、建筑、下水道等重资产的人造基础设施。来北漂的人接入了北京的城市基础设施，去魔都的人则接入了上海的城市基础设施，本质都是商业的接入。

但随着智慧商业的到来，人类的生存将不仅需要接入有阳光、水、空气和植被的自然环境，接入有电力、燃气、公路、建筑、下水道的城市基础设施，还需要接入以5G、云计算、人工智能、物联网等为代表的商业基础设施2.0。

我把人类社会接入商业基础设施2.0的阶段称之为"超智能社会"，这也是继采集社会、农耕社会、工业社会、信息化社会之后，人类进入的社会更高级阶段。可以想见，进入未来的超智能社会，人类所需要接入的基础设施将变得更复杂、更高级、更虚拟、更多元，但相形之下，人类的生活也将因此变得更便捷、更智能、更丰富和更随遇而安。

全时在线：即插即用的超智能社会

在刀耕火种的远古时期，唤醒人类的可能是早上的第一缕阳光或早起野兽的狂吼；到了农耕社会，唤醒人类的可能是清晨的第一声鸡鸣、更夫的梆子或城关里的晨钟；而到了近现代社会，唤醒人类的是各种机械的或电子的闹钟。

但从2018年开始，唤醒人类的工具开始变成了人工智能。从苏宁小biu、天猫精灵、百度小度、小米小爱到亚马逊Echo，众多品牌的智能音箱迎来了一轮市场爆发，智能语音交互高度渗透进人们的家庭生活场景，也让我们提前体验到了超智能社会的便利。

智能音箱很可能是人类的第一个全时在线超智能社会的家庭基础设施，我们可以通过智能音箱在线处理很多事情，比如通过它来"搜索"各种实用信息，通过它来"控制"各种智能家居产品，通过它来购买各种网上商品，通过它来和好朋友聊天互动……当然，这一切都还只是开始，未来所有的东西都将和智能音箱这类人工智能一样，是24小时全天在线的。

比如，你的无人驾驶汽车是全时在线的，它将接受云端的无人驾驶系统的智能控制，从启动、导航、路上行驶到抵达目的地后自动寻找停车位泊车，都不需要人类进行任何操控和干预，人们只需要对汽车下达指令，汽车就会像贾平凹指挥自己的小孩拿着大浅底盘子出去打酱油一样妥善地执行好指令，人类可以腾出时间做更有意义的事。

　　我们没有办法给传统的商业基础设施下达指令，因为它们还没有实现在线化和智能化。但商业基础设施2.0却可以成为人类在超智能社会的好帮手，通过5G物联网实时建立起连接，通过云端的数据处理、人工智能等来进行双向互动，可以让人类与商业基础设施之间建立起全时在线的紧密联系。

　　这带来的直接结果，就是我们身边的一切都将具备"即插即用"的商业属性，人类随时随地都可以与超智能社会建立起连接。你的衣服可以把你的体温、血压、心跳等数据实时传递给智慧医院系统，你的汽车可以把你的位置、速度、交通流量、目的地等数据实时传递给智慧交通系统，你的眼镜可以把你看到的图像、听到的声音、正在发生的新闻现场等实时传递给智慧广播系统，这时候，人类将彻底改变传统的商业社会接入方式。

　　可以预见的是，所有的传统商业基础设施都将被重新改造，从公路、楼宇、高铁、机场、水、电、燃气等到通信、制造、银行、税务、教育、行政等各个领域的商业基础设施，都将从在线化和智能化的维度进行满足超智能社会需要的改进，做出符合"全时在线"和"即插即用"属性的改造。比如，杭州到宁波的第一条"超级公路"正在建设，互联网银行开始在全国范围普及，在线教育也方兴未艾，工业4.0（"中国制造2025"）狂飙猛进，行政税务系统正在进行大刀阔斧的改革，全国超过400个智慧城市正在建设当中……所有这些改造都只为一个目标——向超智能社会的"商业基础设施2.0"迈进。

无限智能：商业文明驶入加速模式

人类智能是可以窥见极限的，这主要受到人类基因和认知水平的限制。

首先，基因的进化是一个十分漫长的过程，历经数万年才可能会向前迈出一小步；其次，人类的认知水平就更是受到生理的限制，由于知识无法自然地代际遗传，每个人生下来都需要一次从零开始的"冷启动"。

而恰恰由于生理基因和认知水平的局限，人类智能的发展是像海岸线一样波浪式前进的。每当有一批像牛顿、爱因斯坦、普朗克这样杰出的科学家集中涌现，就会推动人类社会的一波波浪式前进，而在其他时代，人类社会的进步往往表现平平。

马克思在总结人类社会发展规律时，同样给出了"波浪式前进、螺旋式上升"的结论。

但人工智能就不一样了，它才刚刚进入一个起跑阶段，就展现出了强大的快速迭代和进化能力，谷歌的AlphaZero在几天时间内就可以从零基础进化成为无人能敌的围棋大师，被誉为"3天走完千年棋史"。

　　而且人工智能是无须冷启动的，它可以不断在原有智能水平的基础上进行代际遗传，无须像人类一样一切从零开始。所以人类很有可能看不到人工智能的极限，因为只要计算力还在上升，只要知识还没有穷尽，只要能源可以满足，它就永远没有极限。

　　更为恐怖的是，很多科学家相信，人类正在逼近技术的"奇点"，这将直接导致人工智能的一次大爆发。美国发明家雷·库兹韦尔在《奇点临近》一书中就预言，人类将在2045年迎来"奇点"时刻，计算机智能将彻底超越人类。

　　奇点时刻的到来，将意味着人类智能的"波浪式前进"与人工智能的"指数式上升"将共同迎来一次史无前例的共振和爆发，迈克斯·泰格马克所预言的"生命3.0"将指日可待。这意味着，人类智能和人工智能的结合将可以"设计"自身的软件和硬件，彻底脱离自然"进化"的束缚。而一旦逃离了自然进化的束缚，人类商业文明也将会从螺旋式上升的轨道驶入加速模式。

　　在日本记者感慨"深圳一周相当于硅谷一月"的当下，我们也可以试着想一想，当超智能社会抵达无限智能的临界点时，彼时的一天会相当于现在的多少年呢？可以想见的是，届时有了"无限智能"的工具加持和智能赋能，人类将可能会变得随心所欲、无所不能。

一无所有：随遇而安的理想生活

"每一个人都将一贫如洗，每一个人又都将富有四海。"未来的超智能社会，将会彻底改写人类的财富观，人们将拥有更多的接入机会，同时也将会"失去"更多的固定产权。

人们传统的财富观就是"拥有"，比如拥有固定产权的房子、车子及各种家居用品和家用电器，更早前，私人甚至还可以拥有土地、湖泽，这些已经是沿袭了几千年的财富观，可以说是根深蒂固的。

但在超智能社会，个人想要完全独立拥有一台无人驾驶汽车可能会成为一种奢望，任何人想要接入无人驾驶系统都需要获得相关企业的授权，否则只能以最原始的方式上路行驶，但这很可能是不被各国政府允许的，因为不被智慧城市系统握驾驶数据的汽车是相当危险的，它就像一枚在公路上行驶的"定时炸弹"，随时可能会引发危险。换句话说，人们只能付费享有无人驾驶汽车的使用权。

在一个万物互联的社会，不会再有"财富孤岛"，所有的物质财富彼此相连，所有的物理设备都被纳入总体智慧商业生态，其运作是智能化、在线化的和服务式的。人们购买的绝大多数商品，都不再是商品本身，而是购买了一种智慧商业服务，准确地说，也不能称之为购买，而应该是付费使用，就像现在很多人购买爱奇艺、网飞的付费会员一样。

　　这种没有产权只有使用权的生活也并没有什么不好，因为人们将真正过上一种理想化的生活，那就是随遇而安。比如，当你想换一座城市生活，你不需要去处理名下的资产，也无须新购入任何资产，只需要每月付费，就会有人提供房子、车子和各种智能家居和电器供你使用。这种随遇而安的理想化生活，就像蝉蜕变成了蝴蝶，一朝扔掉负累，换得一世轻松。

　　其实，人类早就明白这个道理，财产类的东西，本来就是生不带来、死不带去的。就像马云说的，钱只有在100万元的时候才是属于你的钱，超过了一定的额度它就是社会的。最终使用的人，才是真正拥有的人，这是超智能社会的财富真谛。

　　再举个例子，当你购买了一台智能音箱"小度"，自认为它是你拥有的第一个智能助手，但假如百度在云端切断了与你的智能连接，它还是一台属于你的智能音箱吗？显然不是，它可能更像是一台没用的"弱智"音箱。在超智能社会，类似的例子将会变得稀松平常，就像我们这个时代的很多爱情，"拥有"的表象之下，骨子里则更像是一厢情愿的，仅仅是金钱在维持，脱离了物质基础，就会马上堕入坟墓。

　　超智能社会的财富规则就是这样的：拥有，只是一种自我安慰的假象；使用，才是最长情的告白。

第 21 章 量子世界：智慧商业迎来奇点时刻

欢迎来到量子世界！

量子世界有着完全不同于经典世界的运行逻辑，当人类的"生产力"进入到量子层面，我们过去对互联网商业的很多认知都需要被打破和重塑。比如"摩尔定律"可能就会是第一个需要被打破的互联网定律，计算机芯片的性能提升可能会经历数次指数级跃迁，而不是每 18~24 个月提升 1 倍。

人类对量子世界的认知也才刚刚开始，很多理论都还有待进一步的实践验证；同样的，我的观点更多只是抛砖引玉，给大家带来一些思考和启发，希望在一个还不确定的世界中去窥探确定性的未来。

互联网的"量子化"对人类社会的意义将是革命性的，它将会因量子计算机的算力革命和量子信息传输的带宽革命，引发一次"数字生产力"的革命（也就是第五次工业革命）。同时，在当下的5G商用阶段，互联网的量子化也已经具有相当的强紧迫性。

此前曾有专家预言，互联网的数据量每18个月会翻一倍，但现实远远超过了这一预期。IBM在2015年的数据趋势总结显示，仅2013—2014年两年内产生的数据量就相当于人类过去总数据量的90%，而随着5G万物互联带来的数据量爆炸式增长，算力和数据存储捉襟见肘的时代很快就会到来，海量数据的处理将突破一般经典计算机的存储和算力极限，越来越多的存储和算力都将需要上"云"，但如此大的数据处理量也将考验全社会的能源承载力。据咨询公司ICTresearch研究显示，仅2016年中国数据中心总耗电量就超过了1200亿千瓦时，这个数字超过了三峡大坝2016年全年的总发电量（1000亿千瓦时）；与此同时，预计到2020年，中国数据中心的保有量将从2016年的5.6万个增加到超过8万个。

自2010年开始的互联网智慧商业是由计算机算力支撑的，这也直接推动了云计算相关产业的空前繁荣。如果互联网未来不走进"量子世界"，计算机性能的提升跟不上数据处理需求的指数级增长，那么人类互联网社会发展的结果很可能会走向"崩溃"。

幸运的是，中国正在抢占"第二次量子革命"的全球制高点。中国科学院潘建伟院士的团队成功研发"墨子号"量子科学实验卫星，完成了人类历史上首次洲际量子保密通信，成功实现了千公里级量子纠缠分发、星地量子密钥分发和地星量子隐形传态，并成功研发出世界上第一台超越早期经典计算机的光量子计算机。

第一次量子革命是基于量子力学的原理开发出新型的经典器件，孕育出了激光、半导体、核能等技术，发展出光通信、电子计算机、手机、互联网等人类重大应用。第二次量子革命则是直接开发以量子比特为单元的量子器件，突破现有信息技术的物理极限，在信息处理速度、信息安全、信息容量、信息检测等方面给人类社会带来革命性变化。

关于量子化对于智慧商业和数字生产力的可能影响，本章将从以下3个层面展开：

（1）量子位元对于计算力的影响，包括全新的量子计算机、量子智能等的出现对云存储、云计算、人工智能等数字生产力的影响；

（2）量子纠缠对于信息传输的影响，包括由此引发的对万物加速流动和轻资产驾驭重资产时效提升的影响；

（3）量子实践对于商业组织的影响，包括量子化组织的出现和企业的商业向心力进一步重构等。

算力革命：从物联网到智联网

与经典计算机的数字比特是0或1不同，量子计算机的二进制数字比特是量子化的，处于叠加态，它既可以是0，也可以是1。在传统计算机中，8位比特即1个字节，可以存储4个2位比特的数字；但8位量子比特却能存储28个2位比特的数字，由于这个特性，量子计算机的运算能力会爆炸性地增长。

同时，量子自身的叠加态和可以处于纠缠态的特性，可以让量子计算机更好地进行并行计算和多任务处理。就如同"薛定谔的猫"所揭示的，只要我们不对量子计算机的量子比特状态进行观测，量子比特的叠加态和纠缠态就不会被破坏。就好像神话里的孙悟空同时拥有无数个分身一样，这些分身会始终同时进行工作，直到我们要量子计算机输出结果为止，这是经典计算机所无法比拟的优势。

理论上，量子计算机的数据存储和数据处理能力将比经典计算机有指数级的提升。科学家们普遍认为，50个量子比特的计算机可以执行普通超级计算机不能完成的任务，其计算能力可以超过当今世界最强大超级计算机"天河二号"，可以达到"量子霸权"的水平。

当然，目前研发的量子计算机对运行环境的要求极为苛刻，对温度、震动等非常敏感，包括人们对量子计算机算法的认知也还有待深入。世界上第一台商用的量子计算机——IBM公司的Q System One是个体积如大象的大块头，需要在接近绝对零度的低温下才能工作，光是制冷就需要几天时间。但即便如此，量子计算机也在设计新材料、模拟气候变化、生物药物研发及实现超级人工智能等方面有着广阔的现实应用前景。美国、中国、英国、日本、加拿大、澳大利亚和一些欧盟国家等都纷纷投入大量资源进行研究，就连阿里巴巴达摩院也已经宣布着手超导量子芯片和量子计算系统的研发。

未来量子计算机引领的算力革命及存储革命，首要的影响就是"云计算、云存储"能力的空前提升（IBM已经商用的量子计算机Q System One其实就是一台通过云端访问的云服务量子计算机），可以令云平台具备强大算力，成为整体智慧商业系统的存储中枢，从而真正地赋能各个行业的智能化升级，为将来物联网在终端的智能化提供可能。

原因在于，从物联网到智联网的发展过程中，更多雾计算、边缘计算及其数据存储的需求将会同步到云计算平台，届时每一台机器、每一个零部件在每分每秒都需要有充足的算力支持和存储空间。以当前的云计算、云存储能力，包括亚马逊、阿里巴巴、微软等当前主流云计算厂商，都将无法满足未来智联网的需要。所以，量子计算机有望成为从物联网到智联网进阶的最有力保障。

同时，量子计算机还将带来量子智能。由于新算法的改进和计算力的指数级提升，量子智能将会远超当前的人工智能，并将实现人类互联网社会智能化水平的一次跃升。当人类社会开始拥抱由量子智能构建的智联网时，轻资产驾驭重资产的数字生产力才会在全社会、全行业进行普及，我们每个人才能真正进入到一个随遇而安的超智能社会。

商业革命：从"低延时"到"零延时"

当前火热的5G技术，预计将给各个行业带来一场颠覆性的商业革命，这很大程度上是因为5G的"低延时"特性会带来商业响应速度的极大提升。

以远程医疗为例，通过极低延时（接近实时）的图像、语音、视频等技术，5G能够打破时间和空间的限制，更高效地实现医生对病人的远程诊断、远程会诊、远程手术等操作。

目前，华为5G的延迟时间可以达到了毫秒级，这也是其最大的优势。任正非曾表示："现在真正无人区的探索就是降低时延。"[①]

未来，5G的低时延将会给远程医疗、无人驾驶、智慧城市等很多方面带来革命性变化。比如，当前无人驾驶领域最需要被攻克的就是时延，任正非就曾表示，"我太太和我小女儿在欧洲乘坐德

---

① 引自 https://www.baidu.com/link?url=KhPhXnHzX5Vdp2PKuueQT9Sy6LvNhz1ZGlHoa627pIyEtZ9xfsBw_1ow UX-TNLZNAEXAxYdkLav12_VIEn8Wq&wd=&eqid=96ddff9c001f6c03000000035d2dc506。

国无人驾驶汽车在高速公路狂奔了两个多小时，欧洲已经在进入 L3 阶段的无人驾驶，大家也看到我们和奥迪在无人驾驶领域的合作，也是 L3 阶段，无人驾驶最高是 L5 阶段，达到 L5 阶段 5G 开始起作用，但是还有时延问题"。

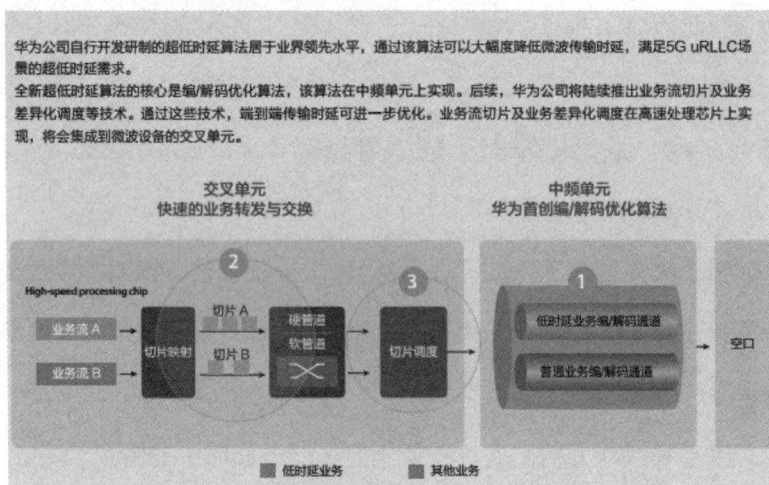

华为超低时延算法

注：图片引自华为官网。

所以，毫秒级的时延显然还不是终点，智慧商业需要追求的是"零时延"。

计算机通信是通过光纤，信息传输速度接近光速。但未来的量子通信将可以进一步降低时延，因为理论上量子通信的速度会显著超过光速，利用量子纠缠的超距作用，其速度比光速还要快 10000 倍。

但对人类能否实现真正意义上的"量子通信"，学界仍有分歧。

当前量子通信的主要障碍在于，基于量子纠缠的量子通信只能传递量子信息，无法传递经典信息。国内外正在大力发展的量子隐形传态技术传递信息还是要通过光纤，其应用主要在于保密通信，未来能否实现真正意义上的量子通信，还有待进一步的研究和证实。

无论如何，人们对量子纠缠的更多深入探索，依然给了"超光速通信"和"零时延"实现的可能，也给了人们开启新一轮商业革命的可能。因为零时延意味着更快的信息和要素流动，意味着轻资产驾驭重资产将可以彻底突破时间和空间的限制。比如，在太空开发领域，远距离的光通信会有几十秒的时间差，这会极大影响对机器的远程操作，一旦可以实现地球与太空之间的量子通信，这个时间差将可以降至接近于零。

管理变革：从领导力到向心力

互联网是量子化的，它的运作相比传统商业更为微观，已经微观到了比特的层面。当量子计算机、量子通信、量子智能等带着整个实体商业世界也进入量子层面之后，就注定其将会在我们的商业社会引发一场轰轰烈烈的管理变革。

量子理论是研究和应对不确定的微观世界的理论，一切经典世界里按部就班的做法都将不再适用于微观的量子世界，因为量子世界的规律概括起来只有两个字——概率，也就是微观世界里"上帝会掷骰子"，他可没有心情去做按部就班的"管理"。

所以，宏观世界里被推崇的那些精确管理的理论，在微观世界里将不再适用，或者说微观世界的管理也是个概率问题，这正是我在《商业向心力：重新定义现代商业竞争》这本书的序言中所讲的。在互联网的世界，管理终将走向它的反面——顺其自然，管理的本质将从顶层的精确控制变成个体按照系统规则的自治生长，让自下而上的个体进化与群体涌现效应，替代自上而下的系统支配和组织协调作用。

控制已经过时了，在万物流动的互联网商业社会，我们还能"控制"得了什么呢？未来的互联网社会就是一个量子化的流体世界，所有的商业要素资源都快速地流动起来，你越想抓住什么就越会失去什么，就像打开藏着"薛定谔的猫"的那只箱子一样，我们无法抓住一只"既死又活"的猫。

《量子领导者：商业思维和实践的革命》一书的作者丹娜·左哈尔教授认为，未来的组织也是量子化的。她认为："量子组织必须是自下而上、自组织和涌现的。在新的企业思维中存在革新的可能性。我们已经了解了繁重的、自上而下的等级制度和结构管理的局限，它们受理论、传统或董事会权威的限制。这种结构面对变化时十分僵硬，浪费了量子化个体自发的创造性资源。量子组织的基础架构必须提升内部流动性和个人责任心，并促进信息和思想的自由流动。"

　　她还举了张瑞敏和海尔的例子。她指出，海尔已经通过组织结构变革成了一家量子化公司，系统里包含很多自组织、非层级的网络，权力来源于许多相互作用的中心，也来自于外围，系统对不同意见和不同做事方法给予肯定和支持。

　　在一个量子化的互联网商业世界，一切都将回归新的逻辑起点。商业研究的不再只是宏观的买卖、价格、成本、需求、产权、货币、管理等，而是进一步量子化为更微观的商业行为，比如人们的每一次评论、转发、点赞和大拇指、目光在屏幕上的每一次驻留。这些都像量子世界一样充满了不确定性，所以不要去谈精确管理的领导力，而是要去谈末端爆发的向心力。

图书在版编目（CIP）数据

轻资产时代 / 杜鸣皓著. — 杭州 ： 浙江大学出版
社，2020.1
ISBN 978-7-308-19544-7

Ⅰ．①轻… Ⅱ．①杜… Ⅲ．①企业管理—资产管理—
研究 Ⅳ．①F273.4

中国版本图书馆CIP数据核字（2019）第204709号

轻资产时代

杜鸣皓 著

责任编辑	杨　茜	
责任校对	程曼漫	
装帧设计	VIOLET	
出版发行	浙江大学出版社	
	（杭州市天目山路148号　　邮政编码　310007）	
	（网址：http://www.zjupress.com）	
排　　版	杭州林智广告有限公司	
印　　刷	杭州钱江彩色印务有限公司	
开　　本	710mm×1000mm　1/16	
印　　张	15.5	
字　　数	151千	
版 印 次	2020年1月第1版　2020年1月第1次印刷	
书　　号	ISBN 978-7-308-19544-7	
定　　价	49.00元	